なぜ2人のトップは自死を選んだのか

JR北海道、腐食の系譜

吉野次郎

日経BP社

ＪＲ北海道、腐食の系譜
なぜ２人のトップは自死を選んだのか

プロローグ

ＪＲ北海道相談役の坂本眞一を最後に取材したのは、２０１３年12月12日のことだった。夜、札幌の自宅マンションに帰ってきたところで、声をかけた。相次ぐ事故に揺れるＪＲ北海道の内情だけでなく、２年前に自殺した社長の中島尚俊についても聞いた。

「かわいがっていた男だった。自殺することが分かっていれば、止めていましたよ」

坂本は、７つ違いの後輩に当たる中島の苦悩に気づいてやれなかったことを悔いていた。それからわずか1カ月後、坂本本人が遺書や書き置きすら残さずに逝った。自ら運転して石狩湾に向かい、海に身を投げる。最後に取った行動は、中島との類似点が多い。まるで後追い自殺であるかのようだ。

トラブルが続発するＪＲ北海道は、歴代の社長４人のうち２人が自決する異常事態に陥った。

悲劇への転落──。それは２０１１年5月27日午後9時55分、特急列車が脱線した瞬間から始まった。

prologue

プロローグ

漆黒のトンネル

煙を吸い込み、何度も嘔吐した。真っ暗なトンネルで、目の前に祖母の幻影が浮かんだ。見えるはずのない姿が輝いている。

俺は死ぬんだ。そう覚悟した。

釧路の勤務医、新藤純理は、今もその光景が脳裏に焼きついている。

単身赴任先から札幌の自宅に戻るために、自由席に座ったのは午後7時過ぎのこと。うとうとしながら翌日に開かれる子供の運動会のことなどを考えていると、列車が急停止した。ほどなくして、火の手の上がった車両から乗客が逃げてくる。

「ドアを開けろ。殺す気か」

「調査が済むまで出ないでください」

乗客と乗務員が激しくやり合う。たまりかねた乗客が非常装置でドアを開けると、せきを切ったように人が流れ出した。

新藤も炎上する列車から脱出したが、トンネル内は煙が充満して、前が見えない。携帯電話のわずかな明かりを手がかりに、壁伝いに進む。途中、うずくまっている中年女性を見つけ、抱え上げた。さらにもう1人の老人も連れて、少しずつ歩を進める。もう、周りには、自分たちのほかに乗客はいなくなった。

呼吸困難、頭痛、吐き気、思考力低下。容体が急速に悪化していることを自覚した。

「もはやこれまでか」

その時、思いがけず後方から乗務員が追いつき、救われる。そして、助け合いながらトンネルを抜け出した。

そこは修羅場だった。多くが一酸化炭素中毒でうめき声を上げていた。

それから2週間。事故現場の「第1ニニウトンネル」に社長の中島が立っていた。負傷者79人。死者こそ出さなかった。だが、現場を歩けば、死の淵に追い詰められた乗客の姿が浮かぶ。

事故車両は既にトンネルの外に搬出され、青いビニールシートで全体が覆われている。中島は先頭車両から最後尾まで見て歩き、シートの下から焼け焦げた車体を確認した。

その後、20分ほどトンネル内をくまなく視察しながら、煙に巻かれて歩く乗客たち

prologue

プロローグ

煙を吹き出す第1ニニウトンネル　　毎日新聞社／アフロ

焼け焦げた車体。事故の激しさがうかがえる　　JR北海道提供

を想像した。

「恐ろしい思いをさせてしまった」

トンネルから出てきた中島は自責の念にかられた。

再発防止を決意し、改革の前線に立つ。だが、現場では意に反してトラブルが続いた。

6月6日、室蘭線の特急列車から発煙
6月8日、千歳線の運転士が居眠り運転
6月14日、追分駅構内で信号機が誤表示
7月5日、函館線の特急列車から部品が脱落

安全運行ができない――。中島は次第に追い込まれていく。

混乱状態の中で、国土交通省の保安監査が続き、事業改善命令を突きつけられた。

中島は3カ月近く吟味して再発防止策をまとめた。だが、後は国交省に提出するだけという段階になって、忽然と姿を消した。2011年9月12日未明のことだった。

妻が目覚めると、自宅に夫がおらず、自家用車がなくなっていることに気づいた。

家族から北海道警察に捜索願が出され、失踪が明るみに出る。

通行車両を監視する道警の「Nシステム」の記録からは、中島の車が石狩方面に向かっていることが確認され、重点捜査が始まった。

数時間後、道警が札幌の自宅から北に15㎞の石狩湾近くで中島の車を確認。ヘリコプターや巡視船が出動した。

6日後、車の発見現場から西に30㎞のオタモイ海岸沖で、釣り人が浮かんでいる遺体を見つけた。その日、社員に宛てた遺書が公開されている。

「真っ先に戦線を離脱することをおわびいたします」

普通、経営者が「戦線」と言えば、ライバル企業との戦いを指す。だが、中島にとっての戦場は、トラブルを繰り返す社内に存在した。

遺書には、戦場に残した者たちへのメッセージがしたためられている。全部で10通ほどと報じられている遺書の数は、実はその2倍以上ある。中島は社内外の関係者に、指示や事務連絡を事細かく残していた。

生前は周囲から十分な理解が得られなかったのだろうか。あるいは1人で十字架を背負い込んだのか。追い詰められた中島は、自らの死とともにメッセージを届けるという、強烈な意思表示法を選んだ。会社が正常化に向かうことを願って。

相互不信の連鎖

中島の死後、会長の小池明夫が社長職に再登板した。その小池が中島に代わって国交省に提出した再発防止策には、目玉となる施策があった。

「膝詰め対話」。現場の安全意識が低下し、その状況を経営陣が把握できていない。そう感じ取った国交省が、労使の意見交換を密にするように強く求めたことが背景にある。そのモデルとなったのが、JR西日本の「緊急安全ミーティング」だ。

107人の死者を出した2005年4月の福知山線脱線事故を受けて、会社は経営幹部と現場の直接対話を3カ月にわたって集中的に開催し、その後も意見交換会を重ねた。それが安全意識の定着に役立ったとして、国交省が膝詰め対話をねじ込んだとされる。そして、小池など経営層が現場との対話を繰り返した。

だが、列車の事故と故障が絶えることはなかった。背景には、膝詰め対話が、逆に経営に対する不信感を深めている現実がある。

社長の中島尚敏は自死を選んだ　朝日新聞社

運行の安全を確保するためには、車両やレールの補修に十分な資材や人手が必要だ。札幌保線管理室の社員は、「保線の現場では人員が明らかに足りない。利用客の少ない区間では、枕木などの資材も満足に割り当てられていない」と明かす。上層部に人手や資材不足をいくら訴えても、十分に聞き入れてもらえない状態が長年続いた。

膝詰め対話が始まっても、その状況は変わらなかった。

20代の運転士は、「『異常な揺れを感じるレールがある』と訴えても、放置された」と漏らす。JR北労組（JR北海道労働組合）書記長の昆弘美も言う。

「経営幹部は訴えを聞くだけで手を打たない。現場に諦めムードが広がっている」

経営陣は、改革の第一歩を間違った。

JR西日本とJR北海道では抱えている問題が根本的に違う。JR西日本の安全対策に携わった関西大学教授の安部誠治は、「JR北海道の場合、膝詰め対話をしている時間はない。現場は『1本でも多くの枕木を補充してほしい』と思っている」と指摘する。

相互不信の払拭には、対策の実行こそが重要だった。だが、経営側はあくまで対話による、「安全風土の定着」にこだわった。現場社員の声には耳を傾けたものの、「会社の論理」を優先してその声を放置し続けた。

JR北海道は年々収入が減る中、補修費や人件費を抑えることでやりくりしてきた。会社存続のために、「安全」よりも「収支」を重視した形だ。その後、膝詰め対話でも事故や故障が減らないと分かると、今度はトップの交代で乗り切ろうとした。

2013年6月、小池は社長職を技術畑出身の専務、野島誠に譲った。「体制を一新することで、事故の連鎖を断ち切ってほしい」。技術系トップなら、現場と相通じるかもしれない、と。

だが、事故が減るどころか、事故原因の隠蔽という「前代未聞」の事態へと発展していく。そして、経営だけでなく、現場までもが腐食していたことが明らかになる。

社長就任から5カ月。

2013年11月13日、JR北海道本社2階の大会議室に、久々に野島の姿があった。体調不良で入院したのは2週間余り前のこと。3日前に退院こそしたが、細い体つきや表情の乏しさから「健常」にはほど遠い様子がうかがえた。そんな体調を押して、記者会見の場に現れたことが、事態の深刻さを象徴していた。

レール検査データの改竄《ざん》——。

相次ぐJR北海道のトラブルは「手抜き」や、個人の突発的な所業によるものが多かった。だが、これを境に組織ぐるみで不正を働く、「悪行の体質」が露見する。

「鉄道の信頼を裏切る事態を引き起こしましたことを、おわび申し上げます」

野島はそう言って立ち上がると、深々と頭を下げた。

だが、その言葉を真に受ける者はいない。過去5カ月間に、この光景を何度見ただろうか。車両の出火や脱線が相次ぎ、運転士によるATS（自動列車停止装置）の破壊も発覚した。その都度、経営陣が頭を下げる。陳謝の言葉は、耐えられないほどに軽くなった。

そして、野島が退院した翌日に、NHKがレール検査データの改竄をすっぱ抜く。

事の発端は2013年9月19日に函館線大沼駅構内で起きた貨物列車の脱線事故だ。事故現場でレール幅の異常が放置されていることが分かり、国交省が監査に乗り出した。だが調査官が乗り込む直前に、保線員らが改竄に手を染めていた。

これをきっかけに、道内各地で、少なくとも20年前からレール異常の放置、検査データの改竄が行われていたことが発覚する。

放置、改竄箇所は蓄積されていき、やがて鉄道網全体を嘘が覆っていった。

そして、2人目の犠牲者が出る。

連続死の謎

海面に遺体が浮かんでいる――。

航行中の海上自衛艦が、岸壁から約100mの沖合で異変に気づいたのは、2014年1月15日午前8時20分だ。遺体は引き揚げられ、午後になって朝から行方不明になっているJR北海道相談役の坂本だと分かる。

現場の余市港は、札幌にある坂本の自宅マンションから北西約50kmに位置する。中島の遺体が発見されたオタモイ海岸沖とは目と鼻の先だ。地元住民によると、肉眼でも見える距離にある。

凍てつく岸壁には雪が積もっており、道警はそこから投身自殺したと見ている。多数の遺書を残した中島とは対照的に、遺書や書き置きは見つかっていない。

なぜ坂本は死を選んだのか。

坂本が社長を務めたのは1996~2003年の7年間だ。在任中は、不動産賃貸業やホテル業などの副業に力を入れた。結果として鉄道事業がおろそかになり、相次ぐ事故の遠因を作ったとも批判されている。

坂本が急死する直前、国交省は2011年の石勝線事故後に続き、再び事業改善命令を出す方針を固めていた。JR北海道は2度、事業改善命令を受ける、初の鉄道会社という不名誉な記録を作ることになる。

さらに、経営全般の抜本的改革を促すために、JR会社法に基づく監督命令を初めて発動することが濃厚になっていた。

これまで、何をしてきたのか——。坂本は、晩節を迎えて突き付けられた残酷な問いに、耐えられなかったのかもしれない。

関係者は、こうした異変に気づいていた。地元財界人の1人は振り返る。

「2013年の秋頃から、坂本さんは体調を崩して急に老け込んだ。時々うまくしゃべれなくなることがあり、かなりストレスがたまっているようだった」

同じ頃、メディアから、「相談役にもかかわらず、取締役会に毎回出席しているのはおかしい」と追及されていた。衆議院の国土交通委員会でも、「旧経営陣が取締役

prologue

プロローグ

貨物列車の脱線を契機に改竄が発覚した　JR北海道提供

会に出席していたら、社長が自分の思い通りに（言うべきことを）言えない」との批判が出た。

急死する1カ月前に取材した時、当の坂本は、「北海道の観光事情といった、外部の情報を役員たちに提供するために取締役会に出席していただけだ」と釈明していた。最後に聞いてみた。ＪＲ北海道はどこで経営を間違えたのか、と。

「今の段階で、私の口からはそのことについて話せない。皆、一生懸命、頑張っていますから」

多くを語らず、坂本はこの世から去った。

札幌のＪＲ北海道社員研修センター――。ここには悲劇の発端となった石勝線の事故車両が展示されている。事故の記憶を風化させまいと、中島が生前に保存を決めた。だが、その遺志は受け継がれず、事故が絶えることもなかった。焼けただれた車両は、そのまましんだ組織体を体現しているかに見える。

このまま企業史は、最終章を迎えてしまうのか。これから大企業に絡んだ複雑な糸を解いていく。そこに1世紀を超える腐食の系譜が浮かび上がる。

なお、関係者の証言を除き、敬称略とさせていただいた。

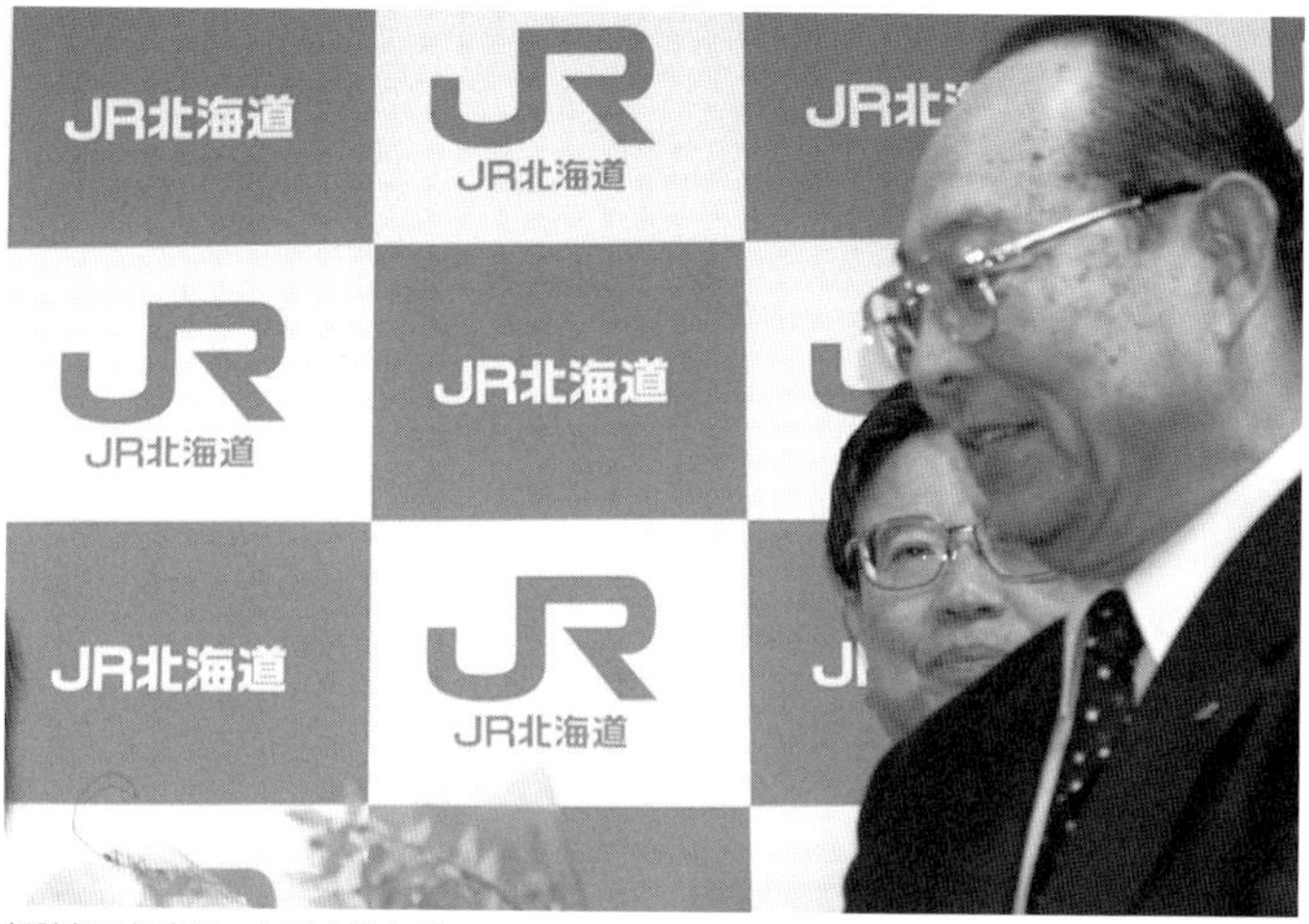

相談役の坂本眞一も死を選んだ　朝日新聞社

坂本眞一の遺体が見つかった余市港

プロローグ　002

第1章
胚胎

JR北海道の三重苦　023

証言1　隠蔽工作、20年以上前から
JR北海道社長　野島誠の懺悔　044

第2章
堕落

動労トップのコペルニクス的転回　053

証言2　労組は革マル派の支配下にあり
衆議院議員　平沢勝栄の憤怒　072

contents

目次

第3章

呪縛

政治にもてあそばれた赤字路線 083

証言3 再発防止策はモノマネに終始 098

関西大学教授 安部誠治の酷評

第4章

傾倒

「夢」の犠牲になった安全運行 111

証言4 トンネルの中で走馬灯を見た 128

市立釧路総合病院・泌尿器科医 新藤純理の悪夢

第5章
対立
労働組合に分断された滑稽な職場 137
証言5 組合対立、何が悪い
ＪＲ北海道労組委員長　鎌田寛司の反駁 150

第6章
挫折
ＪＲタワー、都市開発路線の功罪 165
証言6 鉄道事業はなおざりにしてない
ＪＲ北海道相談役　坂本眞一の遺言 182
証言7 盟友の死、つらすぎる
ＪＲ北海道会長　小池明夫の証言 190

contents

目次

第7章

審判

〝再国鉄化〟に未来はあるか？ 195

証言8 これほどひどいとは思わなかった 210
国土交通省・鉄道局技術企画課長 潮崎俊也の驚愕

エピローグ 218

年表 224

参考文献 231

第1章

胚胎

ＪＲ北海道の三重苦

時は19世紀、徳川幕府が倒れてからわずか十数年後の１８８０年のこと。北限の地、北海道は屯田兵などの入植者もまばらで、人口は22万人ほどと、日本の１％にも満たなかった。

ところが、米国から「産業革命の象徴」がこの地に突如として出現すると、辺境の人々を驚愕させた。

「沿線の見物人は山となす勢いにて、其の恐るべきを知らずして袖を触れるばかりに付近もあり、又見るも恐ろしきというようにて遠見する者ありて、喝采の声は号鐘汽笛と共に絶える間もなく車上の人々は又一奇観とも見えたるならん」

巨大な鋼鉄の乗り物が、黒煙を吐いて疾走する――。蒸気機関車の登場である。10月に初めて小樽市内を試験走行した米国製の「弁慶号」に、人々は興奮した。その様子が当時の雑誌に克明に記されている。翌月には、日本で3番目の鉄道となる「官営幌内鉄道」が開業した。

なぜ未開の地、北海道に、東京、大阪に次いで鉄道が敷設されたのか。それは、産業政策を優先するという明治政府の方針にほかならない。

近代化の原動力となる資源を獲得するため、明治政府は北海道で炭田の開発に着手、

胚胎

1880年に開業した官営幌内鉄道。手宮ー札幌間の35.9kmを走った　朝日新聞社

埋蔵量の多い地域へ鉄道線を延ばそうと計画した。その後も道内では、石炭、硫黄、木材、農産物などの輸送手段として鉄道網が整備されていった。

その歴史に、ＪＲ北海道が事故を繰り返す遠因が胚胎されている。

「貨物王国」の宿痾《しゅくあ》

幌内鉄道の開業以降も、道内に数多くの民営、官営の鉄道線が張り巡らされていった。それらを国鉄が引き継ぎ、ＪＲ北海道へと受け継がれている。

官営幌内鉄道が敷設した路線は現在、函館本線が使用する。北海道炭礦鉄道の整備した路線は、室蘭本線や石勝線が使うなど、かつての貨物輸送網の名残は北海道の随所で見つかる。

輸送の中身を見ても、貨物が依然として大きなウエートを占める。根室本線や石北本線、室蘭本線、函館本線では、旅客列車の合間を縫うようにタマネギ、生野菜、馬鈴薯、砂糖、紙を載せたＪＲ貨物の貨車が走る。ＪＲ貨物の総輸送量に占める北海道のシェアは11％に上り、札幌貨物ターミナルのコンテナ取扱量は鉄道貨物の中心地である東京貨物ターミナルと肩を並べるほどだ。

一方で、旅客の人数は全国の1%にすぎない。1日の乗客は道内の全465駅を合わせても、1日約36万人と、東京駅1駅分の1日約40万人にも満たない。「北海道は貨物王国」（JR北海道の元保線員）と言われるゆえんだ。

「旅客は貨物のついでに運んでいるにすぎない」とJR北海道の元役員も言う。

この構図に、事故の遠因が潜む。

「皆さんは、あまり知らないようだが、貨物のせいでレールはガタガタになっている」（元役員）

現在、北海道で使われているコンテナ車は、標準的なタイプで1両当たり25トン。車両自体の重さを含めると、総重量は45トンに達する。これに対して、客車の積載量は平均的な大人の男女100人が乗っても5～6トン程度だ。東京の山手線にそれだけの人数が乗ったとして、車両を含めた総重量は30トン程度にすぎない。

貨車の方が1・5倍重いだけでなく、乗り心地を考慮していないので、サスペンションが硬い。当然ながら、レールにかかる負荷も高く、損傷やズレが生じやすい。

元役員は、「ただでさえ重たい貨車が、たくさん連結されて走っている。貨物列車が通るたびに、旅客列車の何倍もレールが傷んでいる」と言う。

そのうえＪＲ北海道は、ＪＲ貨物からわずかな「線路使用料」しか受け取っていない。これは政府が国鉄を民営化する時、線路使用料を最小限に抑えようと、「アボイダブル・コスト・ルール」という計算方式を導入したからだ。苦しい経営が予想されたＪＲ貨物を助けるための措置だった。

ＪＲ北海道は、線路使用料収入を開示していないが、関係者は「極めて少ない」と言う。つまり貨物輸送量が多い一方で、それに見合うだけのレール維持費は得られていない可能性がある。

重量級車両の衝撃

旅客輸送に目を転じても、ほかのＪＲ各社と比べて、ＪＲ北海道は車両がレールに与えるダメージが大きい。保有する客車の大半がディーゼル車で、車両自体が重いのだ。半導体でモーターを制御して走る単純な機構の電車と比較すると、ディーゼル車はエンジン、変速機、減速機などに機械的な部品を多用している。そのため、車重は40

胚胎

JR貨物の総輸送量に占める北海道のシェアは11%と高い　朝日新聞社

■1980年の道内路線図

①函館本線	⑭室蘭本線	㉗宗谷本線
②江差線	⑮日高本線	㉘天北線
③松前線	⑯富内線	㉙興浜北線
④瀬棚線	⑰夕張線	㉚興浜南線
⑤胆振線	⑱万字線	㉛名寄本線
⑥岩内線	⑲根室本線	㉜美幸線
⑦札沼線	⑳富良野線	㉝渚滑線
⑧千歳線	㉑士幌線	㉞石北本線
⑨幌内線	㉒広尾線	㉟相生線
⑩上砂川支線	㉓池北線	㊱湧網線
⑪歌志内線	㉔白糠線	㊲羽幌線
⑫留萌本線	㉕釧網本線	
⑬深名線	㉖標津線	

田中和夫著『北海道の鉄道』北海道新聞社

■2014年の道内路線図

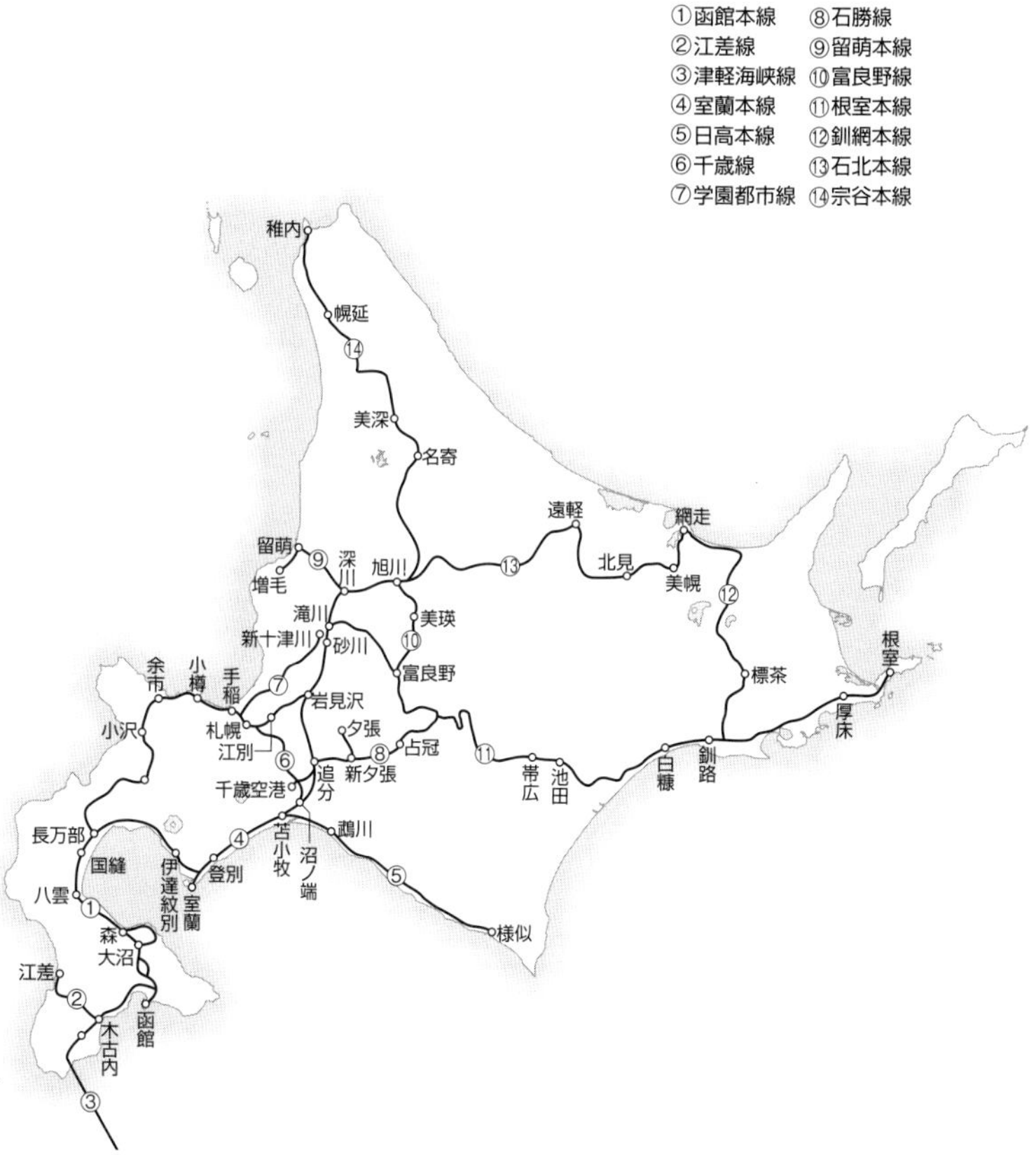

内陸部と港をつなぐように鉄道網が敷かれている

トンと一般的な電車（直流型）の25トン前後を大きく上回る。

ＪＲ北海道で電化が済んでいる区間は、総営業距離の17・5％しかない。ＪＲ各社の中で電化が最も進んでいるＪＲ東日本は73・1％、電化率が低いといわれるＪＲ四国ですら27・5％だ。ＪＲ北海道では架線などの設備投資に踏み切っても、回収できる見込みが立たない赤字路線が大半なため、電化が一向に進まない。

赤字路線が多いことは、貨物輸送をルーツにしていることと関係している。

ＪＲ北海道の鉄道網の特徴は、鉱山などがあった内陸部と、積出港をつなぐように鉄道線が敷かれているところにある。貨物輸送には都合がいいかもしれないが、札幌などの都市部でも環状線が存在せず、生活の足としては使いにくい路線図と指摘される。

ＪＲ北海道の元役員は嘆く。

「東京や大阪周辺みたいに、人が移動するニーズに合わせて鉄道網が発達したわけではない。人にとっては不便なため、旅客営業に力を入れても、思ったように乗客は増えない」

悪条件はこれにとどまらない。

JR各社は電化区間に主に直流式を採用しているが、JR北海道は交流式のみを導入している。直流式と比べて、交流式は沿線に設置する変電所の間隔を大幅に長くできるなど、インフラ投資が安上がりで済む。その代わり車両に重い変圧器を搭載して走らなければならない。結果的に、交流型電車の車重は30〜40トンと、電車の車重もJR各社と比較して大きくなってしまう。

JR北海道の運転士は、「北海道で電化が本格的に始まった1960年代後半、交流式は変電所の数を減らせる、画期的な鉄道技術だともてはやされていた」と話す。そうした最新技術に飛びついたところに、レールの劣化を促す罠が潜んでいた。

レールが受けるダメージは大きいにもかかわらず、乗客は少なく、得られる運賃収入はわずかだ。貨物と同じ苦しい構図となっている。

貨物輸送の多い鉄道網、低い電化率、交流型電車の採用──。「三重苦」がレールを痛めつける。

45トンの貨車、40トンのディーゼル車、30〜40トンの電車という、「重量級」の車両が北の大地を疾走する。それ故、レールの疲労は早く、より入念な検査と頻繁な補修が求められる。

それなのに、保線現場ではレール幅のズレを放置し、検査データを改竄するという、真逆の行動が取られていた。これでは事故が起きて当然だ。

改竄は、貨物列車の脱線事故をきっかけに発覚した。

日常化した隠蔽工作

2013年9月19日午後6時5分、函館線大沼駅構内で18両編成の貨物列車が脱線した。それから約2時間後の午後8時、大沼駅にほど近い大沼保線管理室で、3人の保線員がパソコンに向かっていた。そして、何食わぬ顔で脱線現場のレール幅のズレを「39㎜」から「25㎜」に書き換えた。

「これでバレないだろう」

翌朝から本格化する国土交通省・運輸安全委員会の事故調査を前に、レール異常の放置が事故原因だと疑われないようにするのが目的だった。

罪悪感は薄かったに違いない。この程度の改竄は、誰もがやっていたのだから。JR北海道の保線現場では、長年にわたり、レールの異常放置と検査データの改竄が繰り返されていた。

最初は「1～2㎜程度のごまかしなら大丈夫だろう」「後で直せばよい」という認識からスタートして、脱線事故を起こすまで感覚は麻痺した。

事故現場の線路は、3年以上も補修していなかった。手抜きを隠蔽するために、架空の検査データをでっち上げるなど、大沼保線管理室で改竄に関わった社員は、最終的に10人に上った。

それでも、不正は隠し切れなかった。レール異常の放置を察知した国交省は、9月21日から大々的な特別保安監査に乗り出す。

自堕落な因襲が白日の下にさらされるのではないか。道内各地の保線管理室を焦燥感が襲う。

函館保線管理室では監査が翌日に迫った9月25日、11人の保線員が改竄に手を染めた。室蘭保線管理室では検査データを手書きした「野帳」が意図的に廃棄された。なりふり構わぬ勢いで隠蔽工作が続いた。だが、社内調査で10月下旬にデータ改竄を告白する保線員が現れる。11月半ばには、改竄の事実が報道で暴露され、多くの保線員が観念した。

ＪＲ北海道は保線に関わる全社員７９５人の聞き取り調査を終え、２０１４年1月21日に結果を公表した。

衝撃的な内容だった。

道内に44カ所ある保線管理室のうち、33カ所で改竄が行われていた。１２９人が改竄を白状し、「20年ぐらい前にデータを書き換えた」と証言する者もいた。乗客を危険にさらし、真面目に働いていた同僚の顔に泥を塗りつけた。

保線現場の堕落。それはいつから始まったのだろうか。

失われた保線の魂

かつて国鉄の保線員たちは、「ビーター」と呼ばれるツルハシで、線路に敷かれた砂利を突き固めていた。ビーターを振り落とすタイミングを合わせるために歌われたのが、「道床突き固め音頭」だ。横を若い女性が通り過ぎると、即興でからかうような歌詞をつけたという。

「タイタンパー」と呼ばれるモーター駆動の工具が普及する１９６０年頃まで、北海道各地でも歌声が響いた。

「保線の魂、ヨーイトサーノー、ヨーイトサーノー」

JR北海道の元保線員は、札幌の自宅での取材中、突然歌いだした。人力に頼った保線作業を知る最後の世代だ。

「担当区間では絶対に脱線事故を起こさせないという気概があった」と振り返る。

当時は、鉄道の沿線に10人前後の保線員からなる「線路班」が、約10㎞ごとに配置されていた。一緒になって検査、補修を繰り返すうちに、受け持ち区間に愛着がわき、皆、自宅の庭のように丁寧に手入れをしたという。

戦前まで時をさかのぼると、鉄道省が設けた「優良線路班表彰制度」が、現場の意識向上に大きく貢献していた。1年に一度の「線路検査」で、整備状況を厳しく審査し、高得点の線路班を表彰することで、班同士を競わせた。これが当時の一大イベントだった。

北海道では、ミリ単位のレール検査や、釘の緩み具合、砂利の突き固め度合いのチェックは当然のこと、周辺の草刈りの状況や排水溝の清掃、工具の整備、普段の勤務態度までが事細かく審査対象になっていた。

戦前の保線員。自宅の庭のように手入れした

「優良線路班」の金看板欲しさに、線路検査が近づくと線路はピカピカになったという記録が残る。栄誉を授かった線路班の詰め所には、文字通り、金看板が掲げられたという。

だが、戦後になると、GHQ(連合国軍最高司令官総司令部)の民主化政策の一環で、労働組合の結成が合法化され、国労(国鉄労働組合)が誕生する。

国労は、保線員の競争心を無駄にあおり、労働強化につながるとして、優良線路班表彰制度に反対した。結果的に、1951年に廃止されている。現場に高い職業倫理を浸透させるのに役だっていた仕組みが1つなくなった。

そして、合理化の名の下、1970年には線路班が全国的に「検査班」という名称に変わる。

検査班の仕事はレールの検査だけになり、10人前後いた保線員は3〜5人まで減らされた。検査で見つかった異状は、補修を専門で行う「作業班」に報告するだけになった。作業班はより広い地域を担当しており、なかなか補修に来てくれない。それでも検査班は労使協定に縛られて、自分たちでは直せなかった。

現場に最も近いはずの検査班に、レールの面倒を見ることで生まれていた愛着がなくなり、「自分の庭だ」という意識は希薄になっていった。

検査と補修の分業が確立した1970年を境に、鉄道貨物はトラック輸送に押されて、全国で取扱量が減っていく。旅客では路線の電化が進み、重たいディーゼル車は軽い電車へと切り替わっていった。

確かに以前のような、きめ細かい保線態勢を維持する必然性は薄れた。だが、北海道に限れば、貨物輸送網としての性格を色濃く残し、電化も進まなかった。

悪条件に輪をかけるのが、過酷な自然環境だ。冬場は積雪でレール検査と補修が難しくなるため、4～11月に急いで作業を終えておく必要がある。12～3月は、凍結によって地面が盛り上がる「凍上」と呼ばれる現象が起きる。この凍上によるレールの隆起を修正しなければならないほか、除雪作業に追われる。

保線員たちの負荷が大きいにもかかわらず、ほかの地域と同じように合理化を進め、手厚く人員を配置していた態勢を崩したところに、問題の根源が潜んでいた。

だがその後も、国鉄は保線の合理化に取り組み、分割民営化した1987年までに、検査班と作業班を20～30人からなる保線管理室に統合した。JR北海道では、保線管理室が平均38㎞ごとに83カ所配置された。

「現場任せにしていた」

さらに、JR北海道は2年後の1989年に、保線管理室の大幅なリストラに着手する。これが現場の負荷を決定的に高めた。作業の機械化や外注化、廃線に伴って拠点の統廃合を進め、1997年までに平均57㎞ごとに、44カ所に配置する現在の姿にほぼなった。

1つの線路班が約10㎞を担当していた1960年代までと比べて、現場の拠点が受け持つ距離は5倍以上に延びたことになる。

「受け持った線路に愛着を抱くには、距離が長くなりすぎた。『庭意識』はなくなってしまった。自分たちの時代は、レール幅が広がって脱線するなどということは、恥ずべきことだった」

と元保線員は寂しそうに言った。

現役の保線員は、今も人手不足を訴える。

「私のいる札幌保線管理室は1990年代後半に、隣接する2つの保線管理所を吸収した。それまで3つの保線管理室で担っていた70～80人分の仕事を、30人でこなさなければならなくなった。冬を迎えるまでに検査、補修を終えねばならず、人手不足に悩まされている」

特に不足しているのは30代と40代だ。札幌保線管理室には1人もいないという。「技能の継承がままならない」（現役の保線員）と切実だ。

国鉄民営化前後で採用を抑制したことで、全社的には40代の社員が極端に少ない。保線に限らず、車両整備などの現場で、技能の低下が危惧されている。

そして、無理な合理化のゆがみが改竄という形で現れた。

社内調査では、「期限内に補修が間に合わず、基準値に収まるよう改竄に手を染めた」という証言が飛び出した。改竄は、先輩から後輩への「引き継ぎ事項」となり、上司はそうした現場をとがめるどころか、指示、黙認し、不正の一端を担った。こうしてレール異常の放置が常態化していった。インフラを担う企業が、過度に合理化を求めた末路である。

大沼駅構内で貨物列車が脱線するまで、保線現場が堕落していく様を本社は全く把握していなかった。

社長の野島は記者会見で、

「現場任せにしていた」

と、力なく告白するほかなかった。

なぜここまで無関心でいられたのか。その謎を追いかけると、国鉄民営化をきっかけに労使双方が闘争を避け、なれ合いで事を済ます「弛緩した関係」が浮かび上がる。

隠蔽工作、20年以上前から

JR北海道社長

野島誠の懺悔

貨物列車の脱線事故を発端に、
レール検査データの改竄が全道各地で発覚した。
国の介入なしでは立ち直れないところまで、会社は堕ちた。
経営トップは会見で平身低頭してわびた。

JR北海道提供

安全の根幹に関わるレール検査データの書き換えが、道内の多くの保線現場で行われていました。鉄道会社にあってはならないことです。誠に慚愧《ざんき》に堪えません。すべての役員、社員が深く反省し、二度とこのような事態を発生させてはならないと思っています。

お客さまの安全を何よりも優先し、グループ会社を含めまして、安全な鉄道の再構築に向けて、全力を挙げて取り組んでまいります。当社をご利用のお客様、地域の皆様、関係機関の皆様にはこのたびの件で多大なる心配とご迷惑をお掛けしましたことを、あらためて深くおわび申し上げます。

誠に申し訳ございません。

レール検査データの書き換えは、2013年9月19日に函館線大沼駅構内で起きた貨物列車脱線事故をきっかけに表面化しました。

事故現場を含む線路を管理していたのは大沼保線管理室です。ここの保線員が事故直後にレール幅の検査データを書き換えていました。国土交通省の事故調査に対して、線路をきちんと補修していなかったのを隠すためです。

また過去2年以上、補修していなかったにもかかわらず、保線所長の指示によって架空の補修実績を書き加えていました（著者注：その後の調査で3年以上の放置が明らかになった）。保線所長は本来、現場を指導すべき立場の人間です。絶対にやってはならないことでした。

不正はこれにとどまりません。

事故現場でレール異常の放置が発覚し、問題視した国交省が特別保安監査で全容の解明に乗り出しました。函館保線管理室では、監査が入る前日の9月25日に検査データを書き換えていました。基準値を超えたままレールを放置していることが明らかになるとまずいと思い、隠蔽したのです。

私たちは実態を把握するために、保線に関わる全社員795人を対象に、聞き取り調査を実施しました。

その結果、全道各地に合計44カ所ある保線管理室のうち、33カ所でデータの書き換えが行われていることが判明しました。書き換えの経験があると答えた保線員は、129人に上りました。聞き取り調査した社員の約16％に相当します。1年前に書き換えたという者もいますし、最も古いケースでは、20年ぐらい前に書き換えたと告白する者もいました。

「1～2㎜の改竄なら平気」

保線員に対する教育を徹底して、再発防止に努めます。

これまでも新人には、基本的な計測方法やデータの管理方法などを教育してから現場に出していました。しかし、「1～2㎜の超過なら基準内に収まるように書き換えても平気だろう」「副本線であれば本線より列車の本数が少ないし、速度も遅いから、安全に支障はない」などと、間違った認識を持つ者がいました。

測定値を厳格に管理することの大切さや、基準値を守ることの重要性、「保線屋」の心構えなどを徹底的に再教育します。検査結果や補修実施状況のチェック態勢も強化します。

また、予算が足りないという意見も保線現場から上がってきています。今後はそうした意見を集約し、反映させる形で修繕費や設備投資費を確保します。

再発防止策には時間がかかるものもあります。例えば枕木のコンクリート化は、2014年度から本格化させますが、とても1年では完了できません。

一方で、検査と補修のチェック態勢の強化など、すぐにやれることは、既に実行しています。

大沼保線管理室と函館保線管理室で、事故調査や特別保安監査の妨害に関わった社員に対しては、厳しい処分を下しました（著者注：解雇5人を含む計75人の社員、役員を処分した）。保線員らを厳正に処分したことを踏まえて、今回、同時期にＡＴＳ（自動列車停止装置）を破損させた社員を、刑事告訴することにしました（著者注：２０１３年９月７日、運転士が操作ミスを隠すためにＡＴＳのスイッチをハンマーで破壊した。ＪＲ北海道の経営陣は、運転士の処分を「15日間の出勤停止」で済ませようとして、国会やメディアで批判された）。

トラブルが相次ぐ中、国土交通省からは２０１４年１月21日に、鉄道事業法に基づく事業改善命令と、ＪＲ会社法に基づく監督命令の通知を受けました。大変重く受け止めており、真摯に対応します。

２０１１年５月に発生した石勝線脱線炎上事故の時にも、事業改善命令を受けました。この時ももちろん真摯に対応しましたが、今回はさらに広範囲にわたって当社の問題点を指摘し、講ずべき措置まで示してもらいました。かつてなく膨大で多岐にわたる重い命令だと認識しています。

きっちりとやり遂げて、何としても鉄道の安全を再構築します。

突然の訃報、信じられない

体調面では、皆様にご迷惑をおかけしているかもしれません。

私は2013年6月に社長に就任してから、既に2度入院しました。1度目は2013年10月下旬から約2週間で、2度目は2014年1月中旬の約1週間です。病名を明かすのは差し控えたいと思いますが、社長になる前から持病を患っており、炎症を起こすと、入院して調べなければならなくなります。

ただ、入院している間も社長としての判断やデスクワークは可能な状態ですし、絶えずほかの役員とも連絡を取り合っています。このまま社長として業務を遂行していきたいと考えています。

坂本眞一相談役が行方不明だという一報は、2度目の入院生活が終わり、退院したその日（2014年1月15日）の午後に受けました。その後についてはもうご存じのことと思います。本当に突然の訃報で、いまだに信じられません。

故人は現在、当社が置かれている危機的状況から1日も早く立ち直ることを強く望んでいました。私も同じ気持ちです。お客様の安全確保を最優先に全力で取り組むことをあらためて決意しました。

さらに、故人が強い思いを抱き、尽力しておりました北海道新幹線の開業を何としても成功させるべく、今後も社員一丸となって取り組み、その思いに応えていきたいと考えています。

２０１１年9月に当時社長の中島尚俊さんが、そして今回、坂本相談役がというように、社長経験者が相次いでどうしてそのようなこと（死）を選んだのかは、私には分かりません。

中島さんは、２０１１年5月の石勝線脱線炎上事故を受けて、「安全性向上のための行動計画」の策定を進めました。そして（国交省への提出を目前に）亡くなり、（遺書に）「『お客様の安全を最優先にする』ということを常に考える社員になっていただきたい」という言葉を残しました。

もちろん、そのことをきちっと私も胸に刻んだつもりでいました。しかし現状を見ると、中島さんの言葉通りに我々はできていなかったと反省しなければなりません。

お客様の安全を最優先にすることを全社員がもう一度しっかり心に刻み、何としても信頼を取り戻さなければなりません。スピード感を持って、必ずＪＲ北海道を再生させるとの決意で、安全性の向上に取り組んでまいります。
どうぞよろしくお願いいたします。

（2014年1月21日の記者会見を基に構成した）

第2章

堕落

動労トップのコペルニクス的転回

2013年9月7日、札幌の車両基地から寝台特急「北斗星」が、姿を現そうとしていた。

夕刻、札幌駅で乗り込めば、翌朝、東京の上野駅に着く。飛行機なら1時間半の距離を16時間かけて走る。

乗客の待つ札幌駅に向けて、車両基地から出庫しようとしたその時、ATS（自動列車停止装置）の操作ミスで列車が非常停止した。

機関車を操縦していた30代の運転士は、常備されているハンマーを手に取った。そして、ATSスイッチを激しく叩き、さらに足で蹴りつけた。

「これで恥ずかしい思いをしなくて済む」

同乗している後輩に操作ミスを悟られまいと、故障を装った。あまりに幼稚な動機。だが、一歩間違えれば、大事故につながりかねない危険な行為である。

それから2カ月余り後の2013年11月22日、国会で衆議院国土交通委員会が開かれた。参考人として呼ばれたJR北海道の首脳陣が、相次ぐ不祥事の責任を追及されていた。

「ATSをハンマーでぶっ壊した運転士に対してどう対処したのか、ちょっと教えてください」

「15日間の出勤停止にしました」

常務の小山俊幸の答弁に、自民党議員の平沢勝栄は語気を荒らげた。

「あきれ返って物が言えません。労働組合に遠慮しているんじゃないですか。どう考えたって解職じゃないですか。解職処分に相当するという他社の見解と比較すると、社会常識と大きく乖離している」

だが、JR北海道の常識では考えられない処分は、今に始まったことではない。

労組の変節と経営の劣化

近年、運転士による乗務中の携帯電話の使用がJR各社で相次いで発覚した。JR西日本は問題の運転士を懲戒解雇とし、JR東海は減給処分などとしたうえで、運転業務から外した。ところが、JR北海道は厳重注意としただけで、そのまま乗務させ続けている。

携帯電話の使用に比べて、安全運行の根幹に関わるATSの破壊ははるかに悪質な行為だ。「これでクビにならないなら、何をしても構わないことになる」と、20代の同僚運転士は言う。

そして、居眠り運転やレール検査データの改竄など、乗務員や保線員の不祥事が後を絶たない。

国会で責められ、国土交通省に促され、世間からバッシングを受け、ようやくJR北海道の経営陣は重い腰を上げた。2014年1月23日、ATSを破壊した社員を刑事告訴したのだ。

それに先立つ1月14日には故意に安全運行を阻害した運転士や、レール検査データを書き換えた保線員を厳しく懲戒する就業規則の変更を組合に提案している。だが、対応は後手後手で遅きに失した。

職場の規律の緩さは、アンケート調査からも浮かび上がる。

JR北海道が日本能率協会総合研究所に委託して、2013年1~2月に実施した調査では、「社内ルールに反しているのではないかと迷いつつ、業務を進めてしまったことがある」という項目が、他社と比べて突出して高かった。

なぜ、経営陣は社内のタガが緩むほど処分に及び腰になったのか。その源流は国鉄

列車運転席のATSスイッチ（破損前）

「北斗星」の運転士は2つのATSスイッチをを破壊した　　3点ともJR北海道提供

末期にさかのぼる。

「松崎のコペ転」

国鉄の分割民営化が現実味を帯びていた1980年代半ば、動労（国鉄動力車労働組合）の指導者として経営陣と激しい闘争を続けてきた松崎明が突如、「経営寄り」に態度を変えた。

この変節に驚愕した労働界は、「松崎のコペルニクス的転回」と評した。それほど、松崎の闘争は恐れられていた。

松崎は革マル派副議長「倉川篤」というもう1つの顔を持っていた。もともと動労は運転士らが結成した、穏健な組合だったが、松崎が組織内で頭角を現す1960年代後半から、戦闘的になっていく。

つるし上げ、サボタージュ、違法ストライキなど、職場を階級闘争へと駆り立て、好戦的とされていた最大労組、国労（国鉄労働組合）よりも過激な「鬼の動労」を誕生させた。

国鉄経営陣は組合員の解雇も辞さない構えで対抗した。松崎も違法ストに加担したとして、1963年に解雇されている。以降、国鉄に在籍しない「クビなし専従」として組合活動にのめり込んでいく。

1970年代になると、動労と国労の組合員は職場で一層傍若無人に振る舞うようになる。無断で休む「ヤミ休暇」、出勤しても働かない「ブラ勤」、服装の乱れ、乱暴な所業などが常態化する。

経営側は制裁で現場の規律を取り戻そうとした。北海道でも国鉄幹部が厳しい姿勢で組合員と対峙した。

「泊まり勤務をサボってスナックで飲んで暴れる職員がいた。そうした輩を半年で10人ほどクビにした。労働基準監督署からは『やりすぎだ』と叱られたが、不良行為はぴたりと止まった。組織をまともに動かそうとすると、それぐらいやらないとダメだった」

国鉄北海道総局の元幹部はそう証言する。

職場は荒廃していたが、一線を越えれば、厳しい処分が下された。そこには、一定の緊張感が存在したという。

だが、民営化という転換点が見えてくると、動労委員長に上り詰めていた松崎は、組織防衛に走る。

そのまま闘争路線を突き進めば、数ある国鉄の組合の中で、動労が経営側から「組合差別」を受けるかもしれない。国鉄がＪＲに切り替わる時、動労組合員の多くが「不採用」になる恐れがあったわけだ。

松崎は経営側と手を握る道を選ぶ。ＪＲ発足を翌年に控えた１９８６年1月、ストの自粛や余剰人員の削減を盛り込んだ「労使共同宣言」に合意し、それまで反対していた分割民営化に賛成の立場を取ったのだ。

このコペルニクス的転回で動労は守られた。

経営側の「回し者」として軽蔑していた鉄労（鉄道労働組合）とも合流し、動労の北海道支部は、ＪＲ北海道労組（北海道旅客鉄道労働組合）としてＪＲ北海道最大の組合に生まれ変わった。

一方、国労は最後まで経営側との対決姿勢を崩さず、国鉄改革に反対し続けた。

「このままではＪＲに採用されない」

と危惧した組合員が大量に脱退して、急速に勢力がしぼんでいく。国鉄からＪＲ北海道に移った元幹部は、「民営化を機に労使の対立は驚くほどなくなった」と言う。対立から協調へ、労使関係は180度転換した。だが、JR北海道では、労使関係が緊張感のない「なれ合い」(元幹部)へと変質する。それは人員整理の過程で起きた。

極まる事なかれ主義

JR各社の中で、年間500億円という最も大きな赤字が見込まれたJR北海道は、発足当初から1万3000人いる社員の大幅な削減に取り組まなければならなかった。社員の大半が加入するJR北海道労組の理解なしに、合理化は進められない。国鉄時代には国労や動労が「合理化反対闘争」を繰り広げて、経営陣を大いに手こずらせた記憶が生々しい。

「国鉄末期には合理化をめぐって毎日のように組合と喧嘩していた。だがJR北海道になってから、歴代社長の坂本(眞一)さんや小池(明夫)さんは、JR北海道労組との対立を避け、なれ合う道を選んだ」

JR北海道の元幹部はこう語る。労使がなれ合う構図は、2003年に少数派組合のＪＲ北労組（ＪＲ北海道労働組合）が結成されると、鮮明になる。

組合員の流出を恐れた最大労組のＪＲ北海道労組は危機感を募らせた。そして、経営陣と癒着して新興勢力の弱体化を図ったとされる。事実、そう疑われてもおかしくない出来事があった。それは人事面での組合差別という形で実行された。

新しい少数派組合が結成されて間もなく、経営側は同組合に加入する４人の乗務員を札幌車掌所から釧路運輸車両所へ異動させた。釧路運輸車両所は最大労組の組合員で占められている。「敵地」で同僚に囲まれて詰問されたり、組合からの脱退を迫られたりするなどの、嫌がらせを受ける恐れがあった。

当時の少数派組合幹部は、「経営陣とＪＲ北海道労組が一緒になって、私たちの切り崩しを図った」と主張する。

「不当配置転換」の訴えを受けた厚生労働省中央労働委員会は、その主張を認め、元の職場へ復帰させるよう求める命令書を出している。東京地方裁判所や東京高等裁判所も、少数派組合に所属していることを嫌悪した結果の転属命令だったと認定した。

少数派は、昇進でも所属組合によって格差が生じていると主張する。駅や保線所などの現場管理者である助役は、大半が最大労組の組合員で占められ、数で劣るＪＲ北

最後は経営と手を握った松崎明　毎日新聞社／アフロ

労組に属する助役は2003年の発足以来、1人しか誕生していない。

JR北労組初代委員長の渡邊幸一は憤る。

「うちの組合員たちは、助役になるための1次試験は突破するが、1年間の見習い期間を経ると、必ず会社側から『登用するには能力が足りない』と判断され、昇進の道が閉ざされてしまう。そんなバカなことがあるか」

さらに、次のように続けた。

「坂本さんにしろ、小池さんにしろ、最大労組とうまくつき合わないと、経営が立ちいかなくなることは分かっていた。だから常務や専務の時代から彼らの言いなりになっていた」

敵対する組合の元幹部の発言だという点を割り引く必要はあるとして、歴代経営陣が少数派組合よりも、最大労組との関係を大事にしていたのは間違いない。

現場協議制で荒廃した職場

労使の間から緊張感が失われ、なれ合ってしまったのではないか。生前、坂本への取材でそう聞いていた。

「労使が両輪になって一緒の方向に向かってはいたが、なれ合ってはいない」

と反論した。

坂本が社長を務めた1996〜2003年、初代社長の大森義弘の合理化路線を受け継ぎ、労使一体の人員削減がさらに進んだ。早期退職制度の実施、バス事業の分社化、業務の外注化など、経営陣の提示する合理化策は、最大労組によって次々と受け入れられていく。

人員整理により、鉄道部門に属する社員1人当たりの生産性は、1998年度に発足当時と比べて2倍に高まった。2001年度末までに全従業員を1万人未満まで減らすとした合理化計画は、1年前倒しで達成できた。社長在任中に社員数は1万1900人から9200人程度まで減った。

坂本の後を2003年に継いだ小池も合理化路線を堅持する。経営陣は、リストラ社員が1000人、2000人と積み上がるたびに、「労働生産性が高まった」と喜んだ。

だが同時に、合理化に協力してくれている最大労組に対して、強く出られなくなった感は否めない。

その雰囲気が変わる兆しが一度だけあった。2007年に、小池の次に社長に就任した中島尚俊は、労務を担当する総務部長の島田修と組んで、組合改革に着手する。その1つが「現場協議制」の名残を消し去ることだった。

国鉄時代の1970年代、組合は現場協議制を利用して職場支配を強めていく。現場管理職は組合との現場協議を経ないと物事を進められない状態になった。協議はつるし上げの場と化し、多数の現場管理職が自殺に追い込まれるなど、職場は荒廃した。

国鉄がJRに切り替わると、表向き現場協議制はなくなった。しかし、JR北海道ではその因襲が引き継がれてしまう。組合側の現場トップである分会長が先頭に立って、駅長や所長などの現場管理職に組合の要求を突きつけた。

中島と島田がタッグを組むと、分会長から実権を奪うべく動きだす。労使規定を厳密に適用し、会社側には、組合本部などを通じて文書でしか要求を出せなくした。

2011年5月に石勝線脱線炎上事故が発生してからも、再発防止策を練る過程で、各組合とそれぞれ平等に協議しながら結論を詰めた。関係者によると、「以前なら考えられなかったことだ。それまでの経営陣は最大労組の意向を最大限尊重していた」と言う。

最大労組にしてみたら面白くないわけだが、中島と島田は構わず押し切ろうとした。だが、その後も列車の事故、故障が相次ぎ、中島は2011年9月に突如、自殺してしまう。会長に退いていた小池が急遽、社長に再登板することになった。

少数派のJR北労組書記長、昆弘美は嘆く。

「小池さんの社長再就任で、最大労組が勢いを取り戻し、また元の状態に戻ってしまった」

乗客の安全より労使関係を優先

リストラが始まったばかりの頃は、まだ経営側は組合や組合員に強硬姿勢で臨むことができていた。

会社発足当時の幹部は、「『酒気帯びで乗務した社員は、即刻解雇に処す』というポスターを職場のあちらこちらに張った。顧問弁護士に相談したら、『即刻クビにはできない』と言うに決まっているので、独断で張り出した。乗務員の意識はそうやって高めた」と言う。

だが、当時と今とでは、雰囲気がガラリと変わった。1万3000人いた社員は、7100人まで減った。発足以来、2人に1人の割合で社員が会社を去ったことになる。JR各社の中でも、特に人員削減率が大きかったJR北海道の経営陣にとって、「できることなら恩義のある最大労組とは事を荒立てたくない」という意識が拭い去り難いものになったのではないだろうか。

その結果、運転士に対する乗務前のアルコール検査すら義務化できない。JR各社は以前から義務化していたが、JR北海道だけは組合が反対し、経営陣は二の足を踏んでいた。世間の批判を浴びて、2013年11月にようやく全面的な義務化に踏み切るが、それまでは乗客の安全よりも、組合との関係を優先させていた。

なれ合いは、不祥事を起こした組合員への弱腰の対応へとつながっていく。少数派を率いた渡邊は言う。

「経営陣は（最大労組の）組合員を守るために、問題を起こした運転士などを相当数かばってきた」

一方の当事者である最大勢力のJR北海道労組委員長、鎌田寛司に労使の間に緊張感が足りないのではないかと聞いてみた。「労使関係は対立が前提だ」との回答だった。

だが経営陣は、腫れ物を触るかのように、組合員の懲戒には慎重だ。

国土交通委員会で常務の小山は、ATSを破壊した運転士への処分について、「顧問弁護士と相談し、破損させたという客観的事実と懲戒の基準に照らして決めました」と答弁している。

「弁護士に相談してどうするんだ。社員らを律するためなら、処罰は多少強引でもいい。司法は司法、経営は経営だ。その割り切りができないのであれば、弁護士に経営させたらどうか。経営陣のリーダーシップが欠如している。そもそも鉄道の現場というのは、粗野なんだ。締めるところは締めないと、とんでもないことをしでかす」

JR北海道の元幹部はそう憤る。

小山の言う「客観的事実」に照らせば、運転士が壊したATSのスイッチの値段は2万1693円である。ATSそのものは壊れておらず、金銭的な損害は軽微だ。だから法的見地から言って、取るに足らない行為だという理屈なのだろう。

鎌田も、「器物破損だし、出勤停止は免職に次ぐ処分ですからね。甘くはないと思います」と言う。労使ともに、処分が軽いという認識はなく、職場がモラルハザードを起こしているという事実に気づいていていない。

感覚は麻痺した。菅義偉・官房長官は記者会見で、「安全・安心をぶち壊した人に、たった15日間の出勤停止処分はあり得ない」と、ＪＲ北海道を痛烈に批判した。

経営陣が労使関係をゆがめてまで人員削減を推し進めたのは、赤字路線を維持するためだった。道内に張り巡らされた２５００㎞に及ぶ路線の大半が赤字だ。運行し続けるには、人件費の抑制が欠かせない。

ではなぜ、諸悪の根源である赤字路線を温存したのか。実は、ＪＲ北海道は「政治的束縛」を創業期から抱えて出発していた。

第2章 堕落

動労トップのコペルニクス的転回

労組は革マル派の支配下にあり

衆議院議員（自由民主党）平沢勝栄の憤怒

警察官僚出身の政治家として2013年11月22日、衆議院国土交通委員会でＪＲ北海道の経営陣を厳しく追及した。元凶と断じる「革マル派の支配下にある労働組合」の問題に切り込んだが、絶望感しか残らなかった。

ＪＲ北海道には公共交通機関を担っているという自覚もなければ、危機感もない。これは国会で経営陣を追及していて受けた印象です。もう救いようがありません。

ＪＲ北海道をめぐる問題というのは、結局のところ労働組合問題なんです。乗客の安全を守るよりも先に、自分たちの権利を振りかざす最大労組のＪＲ北海道労組（北海道旅客鉄道労働組合）に、公共交通機関を担う資格はない。鉄道会社に不適格な連中の集まりだ。

経営陣に、ＪＲ北海道労組と対決する姿勢が見られないのは、本当に残念でならない。組合と癒着してしまったというか、なれ合ってしまった。そこが一番大きな問題です。

「今どき平和共存拒否なんてバカげている」

ＪＲ北海道労組は、革マル派が浸透しているといわれるＪＲ総連の傘下にある。つまりＪＲ北海道労組は結局のところ、革マル派が支配する組合なわけだ。だから、我々の常識では理解できない言動を取る。国会で警察庁の官僚に質問した時、はっきりとは答えなかったけど、ＪＲ北海道労組の中枢に革マル派メンバーがいたなんていうことは、警察も承知している。

そのJR北海道労組の執行部は、ほかの組合との「平和共存拒否」などとバカなことを言っているそうだ。所属組合が違うから話もしない、結婚式も出ない、一緒に飲み会もしないなんて、今どき聞いたことがない。DVDで所属組合の違う社員に詰め寄る様子を見たけど、ひどい。

こんな連中は会社を辞めてもらわなきゃしょうがないでしょう。ほかの仕事に就くのはいいけど、少なくともJR北海道みたいな、国民の安全に関わってくるような会社で働くべきじゃないと、私は思うけどね。

ただ、国会議員の中にJR総連を応援する者がいるから、組合問題はややこしい。民主党のE議員や、生活の党のY元議員はJR総連系の組合を応援しているし、民主党のT議員はJR総連系組合の出身者だ。

JR総連からすれば国会に応援団がいるし、代表も送り込んでいる。何かあっても、自分たちの立場が守られるようなシステムを作ってきた。だから幅を利かすことができる。

まあ、こんな組合と対峙しなければならないJR北海道の経営陣はかわいそうなんだけど。けれどもやっぱり厳しい姿勢で臨んでもらいたい。

ＪＲ北海道労組の意識を１００％変えるというか、もうぶっつぶすぐらいの勢いで対決しないと、改革はできないだろう。中には組合のやっていることはおかしいと思っている人たちもいるけど、孤立してしまっている。だから組合を一掃する。一掃できなかったら、「時間外の超過勤務は労働協定違反だ」「乗務員のアルコール検査は拒否だ」などと変なことを言っているリーダーをどんどん辞めさせる。それぐらいの気概を持った経営陣でないとダメだ。

国土交通省に促され、国民の批判を受けたとしても、今の経営陣が手のひらを返したように組合に厳しい姿勢で臨めるようになるとは到底思えない。例えば、同じように組合問題を抱えていた日本航空に、京セラ名誉会長の稲盛和夫さんが乗り込んで改革したように、ＪＲ北海道労組と全く関係ない人を外部から連れてきたらどうか。

組合と対決する経営陣を、周りがサポートすることも大切だ。孤立無援の状態にしたら、負けてしまう。

これまでも国交省は法律を駆使して支援できたはずだし、組合問題を厳しく追及してこなかった私たち政治家にも、マスコミにも責任はある。あと北海道警察も、社員の不祥事に対してもっと積極的に動けたはずだ。国交省はようやく必死に動き出したけど、ちょっと遅すぎですね。これまで問題を見抜けなかった監督官庁としての責任は、大きいと思いますよ。

資金面での支援も必要かもしれない。北海道は人口が少なく、面積が広い。鉄道事業の効率は非常に悪く、赤字経営を余儀なくされている。赤字を穴埋めするために、政府は発足時に経営安定基金を用意したのだけど、金利が下がって運用益が減り、経営が苦しくなっている。

ただ、追加の支援措置を考えるにしても、その前提として組合問題を片づけることが先決だ。組合問題にケリをつけないまま、政府がいたずらに支援するのはどうかと思う。

「ATSを壊したら解雇に決まっている」

繰り返しになるが、今の経営陣に、組合と対決する迫力はないな。経営陣にしてみたら、組合にしっぽを振らないと、どうにもならなかったということなんでしょうけれども。

典型的なのが、乗務員へのアルコール検査だ。JR各社は乗務前の検査を義務づけているのに、JR北海道だけは「原則実施」という形でしか検査できていなかった。原則実施というのは、要するに「私はアルコールを飲めません」と申告すれば、検査を免れることができるわけだ。こんなバカなこと、どこのJRもやってません。

JR北海道の経営陣は、国会で私に追及される2日前になって、慌てて全員に検査を義務づけるというお粗末さです。私は内部から情報を得ているから知っていますけど、組合が反対したからずっと義務化できていなかった。

JR北海道労組が反対したものに、薬物尿検査もあります。2013年7月に運転士が覚醒剤取締法違反の疑いで逮捕され、経営陣は国交省・北海道運輸局から尿検査を実施するよう促されました。

しかし、組合が反対して実現しなかったといわれている。会社側は「人権上問題がある」などという理由で実施を見送ったと説明したらしいが、乗客の安全は大事じゃないのかね。

2013年9月にATS（自動列車停止装置）をハンマーでぶっ壊した運転士に対

しても、組合に遠慮して甘い処分しか下せていません。経営陣は15日間の出勤停止と、配置替えで済ませようとした。

国会では「処分を決めるに当たって、顧問弁護士に相談した」などとバカなことを言っていました。あたかも弁護士に聞いたから、この処分は正しいと言わんばかりだ。だけど、これは顧問弁護士がどうかしているんだよ。こんな顧問弁護士はすぐにクビにした方がいい。社会常識に照らせば、ＡＴＳを壊したら解雇に決まっている。器物破損だと言っても、茶碗を割ったというのとはレベルが違うんだ。安全の根幹を脅かす危険な行為だと認識しないとダメだ。

警察も被害届を出させるべく、もっと積極的に動くべきだった。「被害届は出しません」「はい、そうですか」で事を収めるんだったら、警察なんていらない。

２０１４年１月23日になってＪＲ北海道はようやく運転士を刑事告訴しましたが、こんなものは最初から刑事事件として扱うべきだったんです。

それともう１つ。石勝線の脱線炎上事故で会社が揺れていた２０１１年７月、組合と協議せずに時間外労働をさせたとして、経営陣は札幌中央労働基準監督署から労働基準法違反（36協定違反）による是正勧告を受けた。労基署もよほど暇なのかもしれない。

組合は鬼の首を取ったように「36協定違反だ」と騒ぎまくった。規定を超えた時間外労働なんてどの会社でもある。そんなことで大騒ぎする組合がどうかしているんだ。超過勤務をしてでも、乗客の安全を守るべきじゃないか。けれども、組合は安全よりも自分たちの労働環境を優先した。

脱線や出火など次から次に事故が起きているのに、経営陣がしっかりした再発防止策を取ってこなかったのは、組合が「労働時間がどうのこうの」などと騒ぐからだったんじゃないかな。

経営陣も苦しかったんだと思いますよ。当時の中島尚俊社長が自殺するなどということになってしまった。

日本の鉄道のイメージを悪くしている

私は鉄道が大好きだ。米国の横断鉄道も乗ったし、欧州でも域内を周遊できる「ユーレイルパス」でほとんど鉄道を乗るなど、世界中を旅した。

そんな外国の鉄道と比べると、日本は大したものですよ。時間に正確で、快適だし、清潔だ。しかし、今度のJR北海道の騒動を見ると、日本の鉄道のイメージを悪くしてしまうんじゃないでしょうかね、あれは。

野島社長は国会で、「スピード感を持って一生懸命改革します」なんて言っていたけど、毎日多くの人が乗っているわけだから、本当にすぐに改革してもらわなきゃ困ります。

不幸中の幸いというのか、2011年5月に石勝線脱線炎上事故が起きてから、乗客、乗務員の死者は1人も出ていません。ただ、「ハインリッヒの法則」によれば、1件の重大事故が起きるまでに、29件の軽微な事故、ヒヤリとするような異常が300件とあるそうだ。

JR北海道がこのまま事故、故障を重ねれば、最悪の事態を迎えることになりかねません。

（2014年2月17日の単独インタビューを基に構成した）

証言2

平沢勝栄の憤怒

第3章

呪縛

政治にもてあそばれた赤字路線

「日本一の赤字路線」。そう呼ばれるＪＲ北海道の留萌本線は、北海道北西の内陸部から日本海沿いに伸びている。

１９１０年、留萌港に石炭を運ぶために開業した。夕張炭鉱や歌志内炭鉱の開発に伴い、小樽港と室蘭港の積み出し能力が限界に近づいており、新たな輸送ルートとして重宝された。

だが今は、相次ぐ炭鉱の閉鎖で、わずかな旅客輸送のためだけに存続している。利用者があまりに少ないため、１００円を売り上げるたびに、２００円以上の赤字が積み上がっているといわれる。収益性は全国の路線の中で最低だ。

午前8時、留萌駅に1両編成のディーゼル車が到着した。乗降客は４人だけ。駅舎に座っていた50代の女性に、「ＪＲの経営が厳しい」と話を向けると、急に顔を曇らせた。「もし、そんなこと（廃線）になれば、職場に行けなくなる……」

ただ、女性が通勤に困ることは当面なさそうだ。ＪＲ北海道の経営陣からは、「留萌本線を廃線にする」という声は聞かれない。廃止すべき路線は、国が１９８１年に既に決定済みだからだ。ＪＲ北海道は路線の存廃を決める当事者能力を事実上、放棄している。

そして赤字を垂れ流す路線を維持するため、車両やレールの補修費を無理に削り、事故や故障が相次ぐという悪循環に陥った。

田中角栄が残した「壮大な無駄」

かつて「日本一の赤字路線」は、北海道北部を走る美幸線だった。国鉄末期に政府が廃線に動きだすと、地元の美深町町長の長谷部秀見が先頭に立って反対運動を展開した。

長谷部は東京・銀座で「日本一赤字ローカル線」と書いたタスキを身に着けて、記念品として美幸線の切符を売るなど、以前から日本一の赤字路線を逆手にとった町おこしに取り組んでいた。だが抵抗もむなしく、1985年に路線図から消えた。

留萌本線と美幸線の明暗を分けたのは、1981年に出された地方路線の整理計画だった。当時、国鉄の経営は事実上破綻していた。長年にわたって政治家から赤字路線を押しつけられた結果だった。

我田引水ならぬ「我田引鉄」という造語がある。政治家が国の鉄道建設構想に地元の路線をねじ込み、見返りに票を得る、利益誘導政治を指す。

我田引鉄は戦前から存在していたが、1961年に田中角栄が自民党政調会長に抜擢され、鉄道政策の主導権を握ると、一層盛んになる。田中は「地方の発展のためなら国鉄の路線は赤字でも構わない」と主張してはばからなかった。

1964年には、大蔵大臣として鉄建公団（日本鉄道建設公団）の設立に奔走し、国鉄に代わって公団が鉄道を建設する仕組みを作り上げた。

大きな赤字が見込まれても、鉄建公団が建設した路線は、国鉄が引き受けて運営しなければならなかった。国鉄が資金不足で着工できていなかった路線が次々と開通していく。

この頃になると、国鉄は、新路線を決定する当事者能力を、完全に失っていた。

1972年、田中は首相になる直前に『日本列島改造論』を発表。赤字路線の建設にさらに拍車がかかる。

当然の帰結として、国鉄は巨額の赤字を垂れ流すようになる。赤字を埋めるための長期債務は、利子が利子を生む形で1978年度に10兆円を軽く超え、国家財政への影響が危ぶまれるようになった。

日本一の赤字路線と言われた美幸線 朝日新聞社

田中角栄が設立に尽力した日本鉄道建設公団のトンネル工事風景 朝日新聞社

ここに至って、政府はようやく国鉄改革に乗り出す。1981年に国鉄再建法施行令が出され、赤字路線の整理が始まった。

赤字の規模は毎年500億円

この時、輸送密度（1日1㎞当たりの平均輸送量）が4000人未満の路線は廃止して、バス輸送に切り替えるはずだった。

ところが、4つの「除外規定」が設けられる。「平均乗車距離が30㎞を超え、かつ輸送密度が1000人以上ある」「代替輸送道路がない」「ピーク時に1時間当たり1000人以上を一方向に輸送している」「代替輸送道路が積雪のため1年間に10日以上不通になる」のいずれかに当てはまれば、存続を認めた。利用客は少ないが、生活の足として一定程度役立っていれば、廃線を免れたわけだ。

政治家からの横槍を防ぐために、政府は厳密な統計調査に基づいて機械的に路線の存廃を決めていった。

長谷部は自民党の運輸族に美幸線の存続を働きかけるなどしたが、決定を覆すことはできなかった。

これに対して、留萌本線は「平均乗車距離が30㎞を超え……」という例外規定に救われた。留萌本線だけではない。日高本線、釧網本線、宗谷本線など北海道では数多くの路線が除外規定のおかげで生き残った。そこには独特の地理的、社会的条件が関係していた。

北海道の面積は全国の5分の1に及ぶ一方で、人口密度は全国平均の5分の1だ。広い土地に住宅や学校、職場、商業施設などが点在するため、平均移動距離はおのずと長くなる。また冬場になると、積雪で自動車での移動が困難になり、鉄道に頼ることが増える。

こうした条件が重なり、「利益を生むほど乗客はいないが、廃線にすると困る住民が一定数いる」という微妙な位置づけの路線が多数存在することになった。

道内の約4000㎞に及ぶ路線は、廃線区間が約1500㎞にとどまった。存続が決まった2500㎞の中に、多くの赤字路線が温存されたため、国鉄が北海道で垂れ流していた年間3000億円の赤字を解消するには遠く及ばなかった。

この構図はすぐに問題化する。翌1982年から、中曽根内閣は国鉄の分割民営化を進めていくが、民営化後の「北海道会社」の経営問題に悩まされた。

2500㎞の路線を維持しようとすれば、どうしても赤字が出る。北海道に2万8000人いる国鉄職員を、民営化を機に半分以下の1万3000人まで減らすなどしても、毎年500億円の赤字が見込まれた。

このままではすぐに経営破綻してしまう。国鉄改革を主導した政府の国鉄再建監理委員会は、精緻なシミュレーションに基づいて、そう結論づけた。

経営安定基金6800億円の代償

そこで考え出されたのが、「経営安定基金」というスキームだった。国がJR北海道のほかに、苦しい経営が予想されたJR四国とJR九州の「3島会社」に、総額1兆2781億円の基金を用意し、その運用益で赤字を穴埋めするという支援策である。3社の中で赤字の予想額が最も大きいJR北海道には、最大の6822億円を割り当てた。

その見返りに、国と交わしたある暗黙の了解があった。「1981年に存続が決まった2500㎞の路線は維持する」（JR北海道元幹部）というものだ。

この制度は1987年にJR北海道が発足した当初、うまく機能する。1991年度までの5年間は想定通り毎年500億円近くの運用益を叩き出して、赤字をほぼ帳消しにした。だが、バブル経済の崩壊で低金利時代に突入する。

運用益は1995年度に400億円を切り、2000年度に300億円を割り込んだ。それでも、JR北海道は国家と握った了解事項を守り続けている。

JR北海道に切り替わってから廃止した路線は、1981年の時点で廃線が決まっていた幌内線、松前線、歌志内線など9路線のほかには、1995年に廃止した深名線と、2014年5月に廃止にする江差線の一部だけだ。

深名線は、1981年当時の例外規定にあった「代替輸送道路がない」という項目に該当していたが、道路が整備されたために廃止になった。江差線は、2016年3月に予定されている北海道新幹線の開通に伴うものだ。

よほどの特殊な事情がない限り、廃線に踏み切れていないのが実情だ。

現在、運用益は当初の半分の250億円程度まで落ち込んでいる。だが、「廃線」の2文字は依然として経営のタブーとして残る。

制度的には廃止予定日の1年前までに国土交通大臣に届け出ればよいことになっている。それでも「現実には廃線にできない」と、JR北海道の元幹部は言う。

「『赤字路線の廃止はまかりならん』という国交省の方針は、経営陣も理解している。意に反して廃線にしようとすれば、『経営安定基金を用意してあげただろう』と反発を受けるだけだ。そう言われると弱い。だから、これまで実質的に廃線の大ナタを振るえていない」と、内実を明かす。

国鉄時代も今も、路線を自由に決められず、自力では赤字から抜け出せない立場は変わらない。

「事故は起こるべくして起きている」

元幹部は、「千歳線、函館線、室蘭線など約700〜800㎞程度の主要路線だけを残す形にすれば、鉄道事業の収支が合うだろう。経営安定基金も返上できるかもしれない。けれども、鉄道網を縮小する過程で、相当に政治的な抵抗が予想され、現実ではあり得ない」と言う。

■JR北海道の経営安定基金の運用益

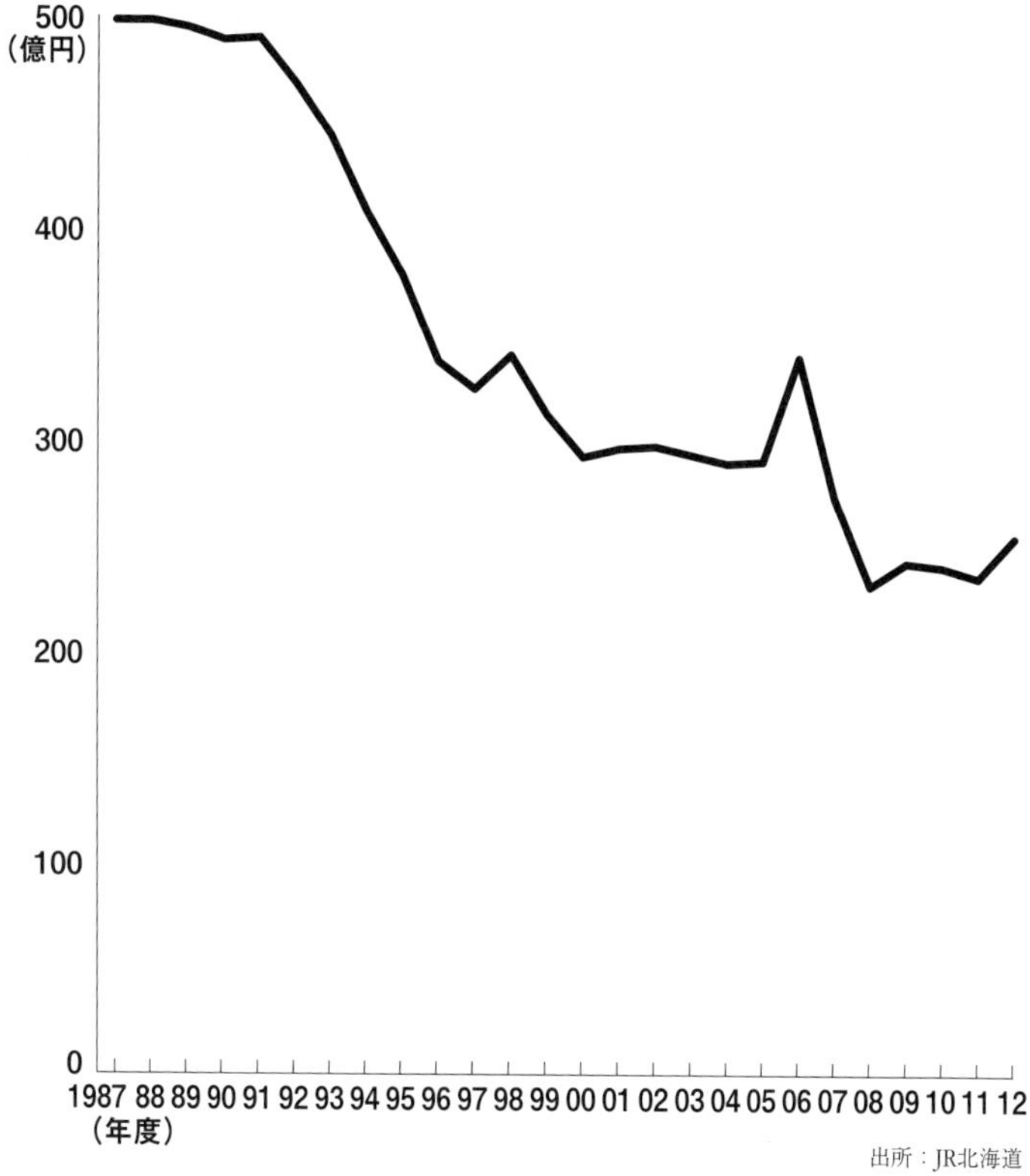

出所：JR北海道

地元選出の政治家や地元住民、国交省と軋轢《あつれき》を生んでまで収支を改善するより、厳しい経営が続くかもしれないが、黙っていても基金の運用益が転がり込む現状維持が、JR北海道にとっても実は最も楽な道だった。

ただ、赤字路線を維持する以上、運用益の減少はコスト削減でカバーするしかない。JR北海道の経営陣が目をつけたのが、人件費と設備の補修費だった。人件費は、会社発足当初に1万3000人いた社員を、毎年のようにリストラすることで抑制していった。

補修費も同様だ。2010年度は1996年度比でレール維持費が11%、車両維持費が9%ほど少ない。

「事故は起こるべくして起きている」

JR北海道の元幹部は、補修費を無理に減らしていったところに、今日相次ぐ事故の元凶があると信じて疑わない。その危うさは2000年代半ばから指摘していたという。

「会社発足当時と比べて、補修費が大きく見劣りしていることに危機感を覚えた。本来なら設備の老朽度合いなど、技術的な観点からいくら補修費が必要かを算出しないといけないのに、愚かにも景気動向に左右される運用益と連動させていた。本当のところ、どれくらいの補修費が必要かと担当部署に問い合わせたら、その当時で既に予算が2割足りないということだった」

この人物は「補修費に、技術的な裏づけを持たせるべきだ」と、社内で主張したが、大勢を変えることはできなかったという。

設備の老朽化に伴って、補修費は年々増えていっても不思議ではない。だが、警告は無視され、運用益が先細るのに合わせて、逆に減らされていった。

当初は、目立った運行障害は起きなかった。それでも、年を追うごとにリスクは確実に高まっていく。そして、2011年5月の石勝線脱線炎上事故を境にして、せきを切ったように、車両やレールの問題が噴出しているというわけだ。

特別保安監査を実施した国交省は、「設備・施設の経年変化に対応して必要な対策が講じられるべきだった」と経営陣の無策を批判した。

2014年2月、JR北海道本社で記者会見に臨んだ社長の野島誠は、「鉄路の維持にどれくらいのコストがかかるのか、正しく認識しているのか」と問われて、積年の間違いを認めるほかなかった。

「今までもきちっと鉄道を維持するコストをその時々で手当てしてきたつもりだった。しかし、現状を考えると、過去にコストの掛け方が足りていないことがあった。特急の気動車など、JR北海道の発足当初は新品だったものが、古くなっている。今まさに（減速・減便して）修繕しようとしている。もっと早く手を打っておくべきだった。今後はさらに設備の老朽化が進む。車両やレールなどの維持にどれくらい掛かるか見極めて経営していく」

数えきれない列車事故、社長経験者2人の自殺――。過ちに気づくまで、あまりに多くの犠牲を払った。

「メンテナスを軽視した結果だ。補修費だけは手をつけてはいけなかった」。元幹部はそうつぶやいた。だが、その流れを作ったのは、意外にも、技術を知り抜いた「天皇」の存在だった。

第3章 呪縛

政治にもてあそばれた赤字路線

再発防止策はモノマネに終始

関西大学教授
安部誠治の酷評

運輸安全の第一人者として、福知山線脱線事故を起こしたJR西日本の再生に携わった。その経験を踏まえ、JR北海道の安全対策をこき下ろす。

混乱の発端となった2011年5月の石勝線脱線炎上事故の時から、経営陣は取り繕うがごとき対応に終始していました。事故後に打ち出した再発防止策も他社の引き写しのようなものが多かった。

その典型例が「膝詰め対話」です。社長を筆頭に役員が全現場を回り、安全風土について語り合うという試みです。

膝詰め対話は、JR西日本の意見交換会が基になっています。107人の死者を出した2005年4月の福知山線脱線事故の再発防止策の1つとして盛り込まれました。さらにさかのぼれば、関西電力の膝詰め対話が大元です。2004年8月に、美浜原子力発電所で5人の死者を出す配管の破損事故があり、経営幹部が現場の実態を把握していなかったとして、対話に乗り出しました。

JR北海道の再発防止策は、これ以外にも過去の事例や高名な学者のアイデアなどを寄せ集めて作ったという印象です。何かやっておかないと社会も、監督官庁の国土交通省も納得しない。だから形は整えた。けれど全然、実態を踏まえたものになっていないという感じです。

JR西日本では福知山線事故を引き起こした運転士が、圧迫的な「日勤教育」によって心理的に追い込まれていたとされました。そうした乗務員管理の状況をトップが把握していなかったことが惨事の遠因だと指摘され、経営陣は対話を通じて、上意下達の体質を改めようとしました。

しかしJR北海道では、そもそも本社と現場の間で意思疎通のルートが絶たれていました。本来なら、本社は現場を統括する支社に問い合わせれば、現場の情報を把握できる仕組みになっているはずなのですが、これが全く機能していません。また逆に多くの職場で、本社の指示が社員にストレートに伝わっていなかったようです。

膝詰め対話の以前に、機能不全に陥っていた社内のコミュニケーション態勢と、こうした状況を放置してきたガバナンス（企業統治）を立て直す必要性がありました。

カネなく精神論を振りかざす

JR北海道にとって、より切羽詰まった問題は、補修などの現場における資材と人員の不足です。

「社長や役員が膝詰め対話のために出張してくる余裕があるのだったら、その代わりに1本でも多くの枕木をよこせ」というのが、現場の率直な気持ちではないでしょうか。

ＪＲ西日本の場合も、対話したからといって、決定的に安全性が高まったわけではありません。やるに越したことはないという程度のことです。ただし、ＪＲ西日本は資金に余裕があり、現場で資材が足りないという問題は起こっていませんでした。

一方のＪＲ北海道は台所事情が苦しい。だからどうしても精神論で乗り切ろうとする。膝詰め対話を重ねて、安全風土を定着させるなどという対策に終始するわけです。これも否定はしませんが、もっと根本的な問題に目を向ける必要があります。

野島誠社長は、２０１３年11月になってようやく、木製の枕木を保線が容易なコンクリート製に置き換える計画を、前倒しで進めると国会で表明しました。石勝線事故後の再発防止策には、要するにそうした一番肝心な、軌道を適切にメンテナンスするという部分がすぽっと抜けていました。

ＪＲ北海道の設備投資に占める安全投資の割合は、赤字路線が多く、同社と似た経営環境にあるＪＲ四国と比べても、かなり下回っていました。その影響は輸送障害の発生件数に表れます。

100万列車走行キロ（列車の走行距離の総和）当たりの「部内要因（整備不良など鉄道会社側の要因）」による障害の発生件数を見ると、JR各社の中でJR北海道は突出しています。これに対して安全投資の割合が高いJR四国の発生件数は、JR東日本やJR西日本、JR東海の本州3社と同程度の低レベルに抑えられています。

北海道は自然環境が過酷なので、本来なら他社よりも多くの費用を保線に投じてしかるべきです。真夏と真冬の寒暖の差が大きいので、レールの伸縮も大きく、春先には凍土が溶けてレールを枕木に留めている釘が緩みます。線路の補修が不十分であれば、列車が必要以上に揺れて、部品が脱落しやすくなりますし、脱線のリスクが高まります。

しかし、保線の現場は資材を要求しても必要数を与えられないので、いつの間にか投げやりな気分となり、モラルハザードを起こしています。レール異常の放置や、検査データの改竄はその典型です。

保線現場から補修の必要を訴える声が上がってきたら、本社は資材を必要なだけ割り当てるべきです。ところが、経営陣は保線の大切さを理解せず、十分に予算を配分してきませんでした。

保線現場は、人材不足も深刻です。特に30代と40代が極端に少ない。50代以上のベテラン保線員も、2010年代後半をピークに定年退職で職場からいなくなります。保線員は10年ぐらい実務を経験しないと、一人前にはならないといわれています。大量退職時代を迎えるまでに、今の20代の保線員にどう技能を伝承しておくのか、JR北海道の経営陣が、そのことを真剣に考えているようには見えません。

40代の保線員が極端に少ないのは、1987年の民営化前後に余剰人員対策で新規採用を絞ったためです。これはJR各社に共通する事象です。

30代の保線員が少ないのは、JR北海道に特有の問題といえるでしょう。採用を再開してからも、経営が厳しいので、ほかのJR各社のようには大勢の新人を採ることができませんでした。

その少ない新人の多くは、運転部門を中心に配属されました。JR北海道は高速バスや航空機に対抗するために、特急列車をかなり増発したので、運転士を増員する必要がありました。全体の採用数は少ないので、保線現場への配属は減らさざるを得なかった。

人手や資材不足、過酷な自然環境といった悪条件が重なり、保線員らはレール検査データの改竄に手を染めざるを得なかったという側面がありそうです。保線員も鉄道マンです。何も好き好んで改竄しているとは思いたくありません。

保線の重要性に対する経営側の認識が甘いのは、鉄道事業の実務に熟達した人材が経営陣の中にいなくなったからだと考えられます。

国はオーナーの責任を果たせ

北海道の鉄道需要は減り続けています。民営化時に約566万人だった北海道の人口は、現在は約551万人まで減っていますし、観光客は1999年の約5149万人をピークに約4612万人まで減りました。高速道路の整備も進み、都市間輸送の乗客を長距離バスや自家用車に奪われています。つまり鉄道設備の補修にお金を投じても、乗客が増えるわけではありません。経営陣は、鉄道事業の将来が明るくないことを認識しているはずです。

一方、駅ビルを開発すれば、増収に結びつきます。それで、どうしても経営陣の目は不動産賃貸業などの関連事業に向かいがちです。

経営陣に同情すべき点があるとすれば、資金が足りないということでしょう。バブル経済が崩壊して、1990年代半ば頃から経営安定基金の運用益が減り始めました。収支を合わせるために、人員を減らしたり、資材の購入を控えたりということが、2000年頃から目立つようになりました。

すぐに問題は起きませんでしたが、長年の無理がたたって、問題が噴出したのが現状だということです。

現在の運用益は、会社発足当初の500億円弱からその半分の250億円を割り込む水準までに減っています。

JR本州3社のように売り上げが1兆円を超える規模の会社なら、収入が200億円減ったとしても、経営には決定的なダメージとはなりません。

しかしJR北海道は単体の売上高が800億〜900億円程度で、成長もしていません。そんな状況の中で200億円も減収するということは決定的です。それをカバーするために、どこかで無理をせざるを得ません。

経営安定基金制度によって、自律的な鉄道経営が可能な仕組みにするというのが、民営化の時の制度設計です。低金利の状況が解消されるまで、時限的な措置として、当初想定されていた運用収益が確保できるよう、国は何らかの手立てを講じる必要があります。

民営化したとはいえ、ＪＲ北海道は政府の独立行政法人がその株式の１００％を保有する、いわば国の株式会社です。国は、所有者としての責任を果たさねばなりません。国の安全管理にも問題があります。国土交通省は２００６年から、運輸安全マネジメント制度を運用していました。鉄道会社や航空会社などに対して、安全報告書を提出させ、「ＰＤＣＡサイクル」で継続的に安全体制を管理するという制度です。ＪＲ北海道も２００７年から安全報告書を提出して、制度の適用を受けていました。

それにもかかわらず、国交省はＪＲ北海道の問題点を見抜くことができなかった。監査を含めて、国交省の施策が適切だったのか、検証しなければなりません。

不健全な労使関係

ＪＲ北海道は、労使関係にも問題があります。

歴代の経営陣は、最大労組であるＪＲ北海道労組（北海道旅客鉄道労働組合）との間で、適切な労使関係を構築してきたように思われません。つまり、是々非々で組合に対応するという姿勢が弱かったように見えます。

その1つの現れが、アルコール検査の義務化の遅れです。

経営側は酒気帯びのまま乗務していないか調べるアルコール検知器を2008年に導入しましたが、組合の反対でJR各社の中で検査の義務化が一番遅れました。2013年7月に覚醒剤取締法違反の疑いで運転士が逮捕された時も、全運転士に対する薬物尿検査を組合が拒否したといわれています。

経営陣は筋を通して、労使の団体協議事項ではないものは、主張を受け入れないという、毅然とした態度を取るべきです。アルコール検査などというのは、安全運行に関わる基本的事項であり、本来、労使協議の範疇には入りません。

またJR北海道労組には、所属組合が違う社員を結婚式に呼んではならないなどという方針の職場があるようです。これでは現場のチームワークが十分に発揮できません。

JR北海道労組の特異な運動方針のせいで、職場にかなりマイナスの影響が出ているのではないでしょうか。

ＪＲ北海道は経営陣に、組合など社内にしがらみのない、外部の人間を登用すべきです。

例えば、北海道や本州の経済界で、企業再生に成功したような経営者です。鉄道のプロでなくても構いません。今は、ガバナンスのプロが必要です。

その代わり、ＪＲ西日本が福知山線脱線事故後に設置した「安全推進有識者会議」のような、外部の有識者を交えた組織を設け、そこで安全計画をチェックし、実行する。緊急事態なので2〜3年はそうやって集中的に再生を図ればいいと考えます。

外部に引き受け手がいなければ、関連会社に出された人材を呼び戻すという方法もあり得ます。ＪＲ西日本では、山崎正夫さんが呼び戻されて、事故後の経営改革のレールを敷きました。

（２０１３年12月25日の単独インタビューを基に構成した）

証言3

安部誠治の酷評

第4章

傾倒

「夢」の犠牲になった安全運行

2005年10月27日、天皇皇后両陛下主催の秋の園遊会が赤坂御苑で開かれた。2100人の招待者の中に、宇宙飛行士の野口聡一や女優の竹下景子などと並び、JR北海道の副社長、柿沼博彦がいた。

その年の春、柿沼は紫綬褒章を受けている。鉄道の分野で「発明改良」の功績が認められてのことだった。園遊会への招待は、人生のハイライトの1つであったに違いない。

「技術の天皇」

柿沼をそう呼ぶ鉄道関係者も少なくない。それだけに、JR北海道社内においても大きな発言力を持つ。2013年6月に会長から特別顧問に退いてもなお、技術職の最高位である「技監」に君臨している。

柿沼の功績の1つが、振り子式車両の開発だ。カーブに差し掛かると車体が傾き、速度をほとんど落とさずに走行できる。

特急列車に振り子技術を搭載して、主要都市間の所要時間を短縮した。

「柿沼さんは車両開発に情熱を注いでいた」

JR北海道OBはそう評価する。だが一方で、こうも指摘した。

「どういうわけか車両の保守・点検にはあまり興味がない」

スピードアップや所要時間短縮は、それに伴った保守・点検の改善も欠かせない。整備にかける手間やコストを削ってしまえば、収益性は上がっても、故障や事故のリスクが高まる。

2013年秋、JR北海道はついに特急のダイヤ改正に踏み切る。トラブルの連鎖を止めるには、減速、減便して車両の負荷を減らし、整備を徹底するしかなかった。柿沼の開発した振り子式特急も例外ではない。

開発偏重のツケが回ってきたのではないか。札幌の自宅で柿沼にそう聞いた。

「そんな事実は全くない」

インターホン越しにそう答えた。

北海道へ失意の配属命令

北海道大学で電気工学を学んだ柿沼が、国鉄に入社したのは1969年だ。スピード出世が約束された、本社のキャリア採用だった。

東京・大井の工場で車両の検査業務などを経て、1975年から本社の車両設計事務所で東北新幹線の開発に携わるようになる。鉄道車両に関心を示すようになったきっかけが、「夢の超特急」東海道新幹線の開業だったこともあり、新しい職場で大いに張り切った。モーターや変圧器など、主要機器の開発を手がけた。1981年には客車の設計を取り仕切る主任技師を任された。

転機は国鉄が1987年に分割民営化する直前に訪れる。人気の配属希望先は、安定した経営が見込まれたJR東日本かJR西日本、JR東海の「本州3社」だった。だが、柿沼は意に反して上司から北海道行きを命じられ、失意に打ちひしがれた。JR北海道が苦しい経営を強いられることは明白で、国鉄時代のように潤沢な予算を使って好きな車両開発に打ち込める環境は奪われる。

気持ちを切り替えるしかなかった。

新天地で、古い車両を大きな窓のついたリゾート列車に改造するなどして、限られた予算の中で夢をつないだ。半生をつづった『走れ！ダーウィン、JR北海道と柿沼博彦物語』（網島洋一著、中西出版）によると、車両開発こそ、柿沼が「水を得た魚」になれる領域だった。

「フラノエクスプレス」「トマム・サホロエクスプレス」などのリゾート列車に続き1990年、いよいよ振り子式車両の開発に着手する。

当時、北海道内の都市間輸送を高速化することで、飛行機や自動車に対抗することが求められていた。JR四国が1989年に実用化した「2000系特急気動車」に触発され、振り子技術で高速化を図ることにした。

2000系をベースに、厳冬の地でも振り子装置が壊れないよう改良し、1994年に札幌～函館間で特急「スーパー北斗」をデビューさせた。これにより所要時間は最大で30分短縮され、2時間59分となった。

その後も柿沼は振り子式特急の開発を進める。

1997年には札幌～釧路間で「スーパーおおぞら」を走らせ、所要時間を45分短縮して3時間40分とした。2000年には「スーパー宗谷」の導入で、札幌～稚内間を54分短い4時間58分でつないだ。

道内各地を振り子式特急で結び、本州3社で実現できなかった夢を形にしていく。

「夢を持って仕事をしよう」が、柿沼の口癖だという。本州3社に移っていった同僚たちへの羨望を、「夢の力」でバネにしたのだろうか。いつしかJR北海道社内では、技術に関して右に出る者がいない地位を獲得していた。

ＪＲ北海道ＯＢは、「歴代社長の坂本（眞一）さんや小池（明夫）さんも、技術的なことについては、全部柿沼さんに任せていた」と言う。

経営トップの絶対的な信頼を勝ち得た柿沼は、ますます車両開発に傾倒していく。人材配置にもバランスを欠くようになったとされる。

もちろん、すべての原因を柿沼に帰結させられるはずはない。だが結果として、ＪＲ北海道の運行管理能力が弱くなったとの批判があるのも事実だ。

「まともなダイヤが作れない！」

運行管理部門は鉄道会社の心臓部だ。運行管理センターで日々の輸送を監視しているほか、複雑なダイヤグラムを組み上げるのが仕事だ。社員は運転士などを経験した技術者が占める。

ダイヤは、営業部門や車両整備部門と相談のうえ、旅客の需要や、車両の整備時間を考慮して作る。整備時間を削って車両の稼働率を上げれば、収益性は向上するかも

「技術の天皇」と呼ばれた柿沼博彦　朝日新聞社

しれないが、事故や故障のリスクが高まる。収益性と安全性を天秤にかけた、高度な判断が求められる。

だが、JR北海道のOBは、「柿沼さんは運行管理業務に精通した人材をグループ会社などに出し、代わりに車両開発の人材を運行管理部門の上層部に据えた。その結果、運行管理のノウハウが失われ、ダイヤを作る能力は、重症と言っていいレベルまで下がった」と嘆く。

その運行管理部門が立てたダイヤの下で、特急列車の事故、故障が相次いだ。

2011年5月27日、石勝線のスーパーおおぞらから部品が脱落して脱線、炎上した。続いて6月6日にはスーパー北斗のエンジンから白煙が上がり、7月5日にスーパー宗谷から部品が脱落する。その後も特急列車で出火、発煙、機材故障が後を絶たない。

北の地で国鉄時代の同僚に負けじと頑張ってきた柿沼の矜持は、傷ついたに違いない。

運行管理部門は、少ない特急車両をフル稼働させていた。国鉄時代と比べて、車両の1日当たりの走行距離は大幅に延びたといわれる。

最高速度も引き上げられた。国鉄時代は時速100㎞程度だったが、振り子式特急の導入で時速１３０㎞となった。

長距離を高速で走行すれば、それに応じて入念な保守が求められる。特にディーゼル車の場合はそうだ。

スーパー北斗、スーパーおおぞら、スーパー宗谷はいずれもディーゼル車。シンプルな構造の電車と違って駆動装置を多用しているため、頻繁に部品を交換しないと、摩耗により故障してしまう。またディーゼルエンジンは電車のモーターと比べて振動が大きく、ネジが緩むなどして、部品が脱落しやすい。だが、ギリギリの運行を続けてきたことがたたった。

相次ぐ車両トラブルを受けて、ＪＲ北海道は２０１３年11月1月、ダイヤ改正を余儀なくされた。特急列車の運行本数を減らして、整備する時間に余裕を持たせた。時速１３０㎞だった最高速度は、時速１１０～１２０㎞に引き下げた。エンジンの回転数や振動を減らすことで、車体の負荷を15％程度軽減するという。

スーパー北斗で高速化した札幌～函館間や、スーパーおおぞらで高速化した札幌～釧路間は20年以上前の水準に逆戻りしてしまった。

振り子式車両を導入したメリットは帳消しになった。

スーパーおおぞらの脱線、炎上事故を引き起こした落下部品　JR北海道提供

「今になって考えてみると、整備にもう少し余裕を持つ必要があったと反省している。経年に見合った保守や、車両の余裕が必要だった」

社長の野島誠は記者会見で、力なくそう言った。

「社員に夢を抱かせることも重要だった」

道内で振り子式特急車両の導入がほぼ完了したのは、相談役の坂本眞一が社長を務めた時代だった。生前、坂本に「柿沼さんは車両開発に力を入れすぎて、整備がおろそかになったのではないか」と聞いていた。

「今からするとそういうことになるでしょう。けれども、社員に夢を抱かせることも重要だった」

そんな言葉が返ってきた。

確かに、新車開発にチャレンジする姿勢は気持ちを高ぶらせるかもしれない。だが、周囲の全員が柿沼に共感したわけではなかった。JR北海道の関係者は、夢を追求する姿勢が、逆に現場のモラルダウンを招いていたと証言する。

「技術者を集めて、現場で得られたノウハウなどを発表する会議を開いた時のことだった。線路のゆがみをどうやって直すかといった発表があったが、柿沼さんは、あまり興味を示さなかった。現場にしてみたら切実な問題への対処を一生懸命提言しているのに、あれではやる気がなくなるよ」

本当にそのような場面があったのか、確認はできていない。だが、柿沼が最も力を入れていたのは車両開発だったという話は各方面から聞かれる。

JR北海道に対する特別保安監査を実施した国土交通省は、2014年1月に公表した報告書でこう指摘している。

「JR北海道の発足以来、利用者利便の向上を図るため、列車の高速化、札幌圏での輸送力強化などを行ってきており、これらに相当の資金、人材などの経営資源を投入してきた。一方で、会社発足後十余年の間、日々の輸送の安全を支える基礎的な業務分野については、現場の状況を適切に把握することなく、必要とされる資金面や人材面での対応が十分ではなかった」

地道に足場を固めることなく、夢に手を伸ばしたがために、転倒してしまった。そんな様子がうかがえる。

柿沼を重用した坂本、小池ら経営トップや、「柿沼路線」に異を唱えなかったほかの技術者にも責任はある。柿沼1人の問題として、片づけるわけにはいかない。

また、飛行機などとのスピード競争を有利に進めるうえで、振り子式特急が大きな役割を果たしており、その点において、柿沼の功績が軽んじられることはない。紫綬褒章の受賞理由になった「回生システム」も、柿沼がいなければ開発できていなかっただろう。

そんな車両開発に情熱を燃やした柿沼と、「天皇」に祭り上げた周囲の人々の両方が絡みあって、事故頻発という事態につながっている。

その後、振り子式特急の導入が一段落した2002年から柿沼が注力したのが、「DMV」の開発だった。道路と線路の両方を走ることのできる新しい乗り物だ。運行経費が安く、乗客の少ない路線で鉄道車両の代わりに導入すれば、赤字を減らせるとされた。

トヨタ自動車と日野自動車の協力で試験車を作り、2008年夏の洞爺湖サミットなどに合わせてデモ走行を実施した。

だが、実用化されることなく、お蔵入りしそうな雲行きだ。社長の野島は記者会見で、「運行に向けた検討には至っていない。開発チームはだいぶ縮小した」と明かした。

実用化に至らなかった理由は単純だ。関係者は、「DMVは使い物にならない。だって、道路も線路も走れるんだったら道路を走ればいいだけですから。諦めざるを得ないですね」と切って捨てる。

柿沼がDMVの試作に熱中している間に、振り子式列車を最初に導入してから10年以上がたち、保守に力を入れなければならない時期に差し掛かっていた。だが、DMVに人とカネ、時間を費やし続けた。

もちろん、決して柿沼は安全を軽視していたわけではない。

1991年1月、列車がタンクローリーと衝突した。運輸部長だった柿沼は、病院に搬送された負傷者を見舞った。運転士は全身を強く打ち、医師の判断で両足を手術で切断していた。

ベッドに近づくと、意識が朦朧とする中で運転士がうわ言のように懇願するのを耳にした。「足の方が軽い気がする。見てほしい」、と。

いたたまれなかった。会社に戻った柿沼は、開発中の振り子式車両の運転席を高い位置に変更することを決断する。自動車と正面衝突しても、まともに衝撃を受けない

柿沼博彦が注力した「DMV」。道路と線路を走れるのが売りだったが…… JR北海道提供

ようにするためだ。重心が高くなり、不安定になるなどの課題があったが、克服して、運転手を守ることにした。

本来、事故対策は、経営陣が現場の実態を把握することから始まる。労働組合の協力も欠かせない。だがＪＲ北海道では、組合同士の対立が激化し続け、労使一体の対策がままならなくなっていた。

対立がさらに深まるきっかけは、２００５年４月にＪＲ西日本の福知山線で起きた大惨事だった。

第4章 傾倒

「夢」の犠牲になった安全運行

証言4

トンネルの中で走馬灯を見た

新藤純理の悪夢

市立釧路総合病院・泌尿器科医

JR北海道の転落は2011年に、石勝線で振り子式特急列車が脱線した時から始まった。たまたま乗り合わせていた医師が、死の淵から生還するまでの体験を語った。

私が単身赴任先の釧路から、家族の待つ札幌に戻るために、釧路駅で石勝線の特急列車「スーパーおおぞら14号」に乗り込んだのは2011年5月27日の午後7時過ぎです。自由席券でしたが、先頭車両の「10番A席」に座ることができました。ほぼ満席だったと思います。

翌日には、子供の運動会があり、観戦席を確保するために、朝5時から会場で並ぶことにしていました。

列車が出発して3時間近くたった午後10時頃だったでしょうか。車内でビールを飲んで、うつらうつらしていると、列車がトンネルの中で急停止しました。

特に大きな音も振動もなく、「またシカにでも衝突したのかな」という感覚です。石勝線ではシカやクマに列車が衝突して、急停止することが時々あります（著者注：この時、6両編成の4両目で部品が脱落し、5両目が脱輪していた。後方で起きた脱線だったため、先頭車両に乗っていた新藤は当初、異変に気がつかなかった）。

間もなく「エンジンのトラブルで停止しました。現在調査中です」との車内アナウンスがありました。そして徐々に車内が煙たくなってきて、ようやく非常事態だということに気づきました。

急停止から約10分後に、「後ろ3両の乗客は、前方に移ってください」との指示が流れました。後方で火災が起きているのだと思いました。

「何やってるんだJR。殺す気か!」

やがて後方から人がどんどんこっちの車両に移動してきて、通路は乗客であふれました。

中にはすごく興奮した人もいて、運転室の方に向かって、「ドアを開けろ！　何やってるんだJR。殺す気か！」と叫んでいました。「そんなに興奮してもダメですよ」と、なだめる人がいたのを記憶しています。

乗客の中に、すごく冷静だった方が2人いました。1人は「とにかく濡れたものを口に当てて、姿勢を低くしましょう」と言って、水を配っていました。

もう1人は、「これから脱出することになると思うので、その時は公務員の人たちにリーダーになってもらいます。公務員の方は手を挙げてください」と言って、人を集めていました。

急停止から20分ぐらいたった時、車内の明かりが消えて、真っ暗になりました。車内はさらに煙たくなってきます。

そのうち、「最後尾の車両から脱出が始まっている。10分ほど歩いたら外に出られるようだ」と言う人が現れて、全員そっちに移っていきました。

将棋倒しにならないように、みんな脱出する番を待っていました（著者注：最後尾の車両で乗客が手動でドアを開けて、自主的に脱出を始めていた。乗務員による適切な避難誘導がなかったとして、JR北海道は後に非難された）。自分が出る番になったので、私はドアから地上まで約1mの高さを慎重に降りました。

祖母の幻影が目の前に

地面に降り立つと、トンネル内は黒煙が充満して、何も見えません。携帯電話の明かりを頼りにしましたが、視界はほとんど利かず、壁伝いにトンネル出口を目指しました。

数分歩くと、うずくまっている中年女性に出会いました。かなり呼吸が苦しそうです。医師として助けないわけにはいきません。近くにいた別の女性と一緒に両脇を支えて立ち上がらせ、再び歩き始めました。

しかし、ぜんそくがひどく、女性は1分ごとに「私もうダメ」と言ってへたり込んでしまいます。介抱するために、膝の高さより低い位置に頭を下げた時、呼吸が楽になったのを覚えています。煙が上部に流れ、地上すれすれには酸素がたまっていたようです。

女性を励ましながら歩いていた時、下から突然「痛い」という悲鳴が聞こえました。荷物だと思って、高齢の女性を踏んづけていました。

高齢の女性はかろうじて歩ける状態だったので、手を引いて進みました。一方でぜんそくの女性の容体はさらに悪化して、おんぶしなければならなくなりました。

黒煙はますます勢いを増し、呼吸困難、頭痛、吐き気、思考能力の低下に襲われました。それでも具合の悪い2人を置き去りにして、自分だけ助かるわけにはいきません。気づいたら、周りに誰もおらず、私たちだけになってしまいました。

このまま死ぬんだ。そう覚悟しました。

子供時代からの思い出が、次々と目の前に現れたのは、その時でした。他界した祖母や、高校2年生の時に亡くなった体育教師などの姿が見えました。

真っ暗なはずのトンネルの中で、ただそこだけが明るく輝いていました。一瞬の出来事です。これを、死に際に見る「走馬灯」と言うのでしょう。

そのうち、懐中電灯を持ったJR北海道の職員たちが後ろから追いついてきました。運転士と車掌、女性客室乗務員2人、あと非番のJR職員らしき一団です。逃げ遅れた人がいないか確認してから、最後に出てきたのだと思います。

手を貸してくれて、やっとトンネルの外に出ることができました。距離にして500mほどだったと思いますが、踏破するのに1時間ぐらいかかっていました。

外に出た時、先に脱出していた人たちから拍手が起きました。途中で置き去りにしてきた人たちが最後に脱出できたのを見て、喜んだのだと思います。

トンネルの外には一酸化炭素中毒で苦しんでいる人がたくさんいました。ほかに乗り合わせていた医師、看護師らと協力して、診察と治療に取りかかりました。

現場は山奥にあり、救急車やパトカーが到着するまで1時間ぐらいかかりました。その間はとにかく寒かった。

私は乗客の容体を見極め、優先度の高い者を救急車に乗せて、残りはパトカーなどで地元の占冠コミュニティーセンターへと移動しました。そこでも診察、治療を続けました。

やがてたくさんの救急隊が駆けつけてくれて、午前5時頃にようやく御役目ごめんとなりました。

今から思えば、死者が出なかったのは奇跡的でした（著者注：乗客248人、乗務員4人のうち、乗客78人、乗務員1人が負傷したが、死者は出なかった）。

JRが用意したバスで札幌に送ってもらい、午前8時頃に自宅マンションにたどり着きました。シャワーを浴びて、すぐに運動会の会場に向かいました。午前8時30分にはグラウンドにいました。

子供たちには、「パパは正しいことをやった」と褒めてもらいました。

鉄道マンも失敗から学ぶべき

JR北海道の乗務員たちにはとても感謝しています。彼らがいなければ、私は確実にトンネル内で死んでいました。

運転士や車掌は最後まで逃げ遅れた人がいないか車両を点検していたので、人一倍多く煙を吸い込み、一酸化炭素中毒の症状も重かった。女性客室乗務員2人も乗客に水を配って歩くなど、献身的に頑張っていました。

私はJR北海道だけを責めるわけにはいかないと思っています。そもそも国鉄を分割民営化した時に、北海道だけを営業エリアとする鉄道会社をつくったこと自体、間違っていました。赤字路線が多く、社員を減らすなどした結果、管理が手薄になり、事故が起きたと思っています。

ただし、その後も事故を繰り返していることが、残念でなりません。

私たち医療人もミスは犯します。その結果、時には患者が死亡してしまったり、後遺症が残ったりすることがあります。ですから、ミスを犯した時には、同じことを繰り返さないために、徹底的に原因を追及します。その積み重ねで失敗を減らしていきます。

旅客輸送でも一歩間違えれば、人命に関わる重大事故につながります。鉄道マンにも失敗に学ぶ姿勢が求められるのではないでしょうか。

（2013年12月18日の単独インタビューを基に構成した）

第5章

対立

労働組合に分断された滑稽な職場

2005年4月25日朝、JR西日本福知山線で列車が猛スピードでカーブに突入し脱線、転倒する事故が起きた。107人の死者を出す大惨事となった、福知山線脱線事故である。

それから連日のようにJR総連系の少数派労働組合、JR西労（JR西日本労働組合）の関係者がテレビに登場した。「日勤教育」と呼ばれる理不尽な社員教育の実態を暴露し、事故の遠因と指摘。経営陣を追い詰めていった。

矛先は敵対する組合にも向いた。「日勤教育を放置した」として、JR連合系の最大労組、JR西労組（西日本旅客鉄道労働組合）を批判した。

経営側は再発防止に向けて、組合間の歩調を揃えようと、「労使安全会議」を開き協議を重ねる。だが、ここでもJR西労は「労使の癒着だ」として欠席を決め、出席するJR西労組に非難を浴びせた。

JR連合の関係者は一連のネガティブキャンペーンを「会社倒産運動」と呼び、今もその憎悪が心に刻まれている。

JR西日本に限らずJR各社の組合は、JR総連系とJR連合系に分断され、激しく対立している。故に、事故が起きても、安全対策の足並みを揃えることができない。

その歴史は、ＪＲ北海道でも繰り返した。

「ＪＲ総連対ＪＲ連合」の不毛

２０１３年11月17日、札幌のホテルでＪＲ北海道の少数派組合で、ＪＲ連合系のＪＲ北労組（ＪＲ北海道労働組合）が緊急集会を開いた。レール検査データの改竄が明らかになった直後ということもあり、マスコミ各社が詰めかけた。

挨拶に立った委員長の田原孝蔵は、ＪＲ総連系のＪＲ北海道労組（北海道旅客鉄道労働組合）への口撃を始めた。

「最大労組（のＪＲ北海道労組）は、職場で意に沿わない（ＪＲ北労組の）人がいると、取り囲んで詰問する。他組合の同僚の結婚式に出席することまで禁じている。だから、仕事上も連携できず、業務に支障を来す」

それぞれの視点に立てば、持論が「真実」に見えてしまう。それは福知山線事故の時と同じ対立の構図といえる。違うのは、ＪＲ連合とＪＲ総連の攻守が入れ替わっていることだけだ。

事故多発で守勢に回る形となった最大勢力のＪＲ北海道労組だが、歩み寄る様子はない。２０１３年10月2日、委員長の鎌田寛司は、少数派を率いる田原の訪問を受け、文書を手渡された。

事故原因の究明と早急な安全対策、所属組合の違いを乗り越えた社員同士の融和、労使間の安全経営協議会の開催など、安全確保に向けた共同行動を呼びかける内容だった。

だが、鎌田はこうした提案を容認できなかった。足元を見て、ＪＲ北労組が反撃を狙っていると感じたようだ。

この期に及んでも、ＪＲ総連とＪＲ連合の両陣営はイデオロギーの壁を乗り越えられない。その現実を理解するには、国鉄時代まで時をさかのぼらねばならない。

ＪＲ総連の母体は国鉄時代の動労（国鉄動力車労働組合）、ＪＲ連合は鉄労（鉄道労働組合）だ。動労は、サボタージュや違法ストライキを繰り返す好戦的な組合として恐れられていた。一方、鉄労は、労使協調路線を歩んでいた。

自然の成り行きとして水と油のように反発した。動労からすれば、鉄労は「経営側の犬」だし、鉄労側から見れば、動労は「危険思想に侵された極左集団」に映った。

だが、分割民営化が不可避になると、事態は一変する。民営化を翌年に控えた1986年7月9日、動労委員長だった松崎明は、京都で開かれた鉄労の全国大会に乗り込んだ。

それまで、散々鉄労を叩いていただけに、会場は騒然となった。ところが、松崎の口から出てきた言葉は、それまでとは180度違っていた。

「これまでの失礼を、重ねてお許しいただきたいと思います」

「鉄労の皆さん方としっかり手を携えて、近い将来、一本になって（中略）お互い頑張っていきたい」

演説中、「鉄労の解体はどうした⁉」などとヤジが飛び交ったが、話し終えると、拍手が沸いた。動労と鉄労の「歴史的な和解」が図られた瞬間だ。以降、経営側の進める国鉄改革に一致協力する姿勢を取る。

1987年にJRに切り替わる時には、両者が合流して新しい組合を立ち上げた。JR北海道ではJR北海道労組が誕生し、JR各社の組合を束ねる全国組織として、JR総連が創設された（当時の名称は「鉄道労連」）。「1企業1組合」を掲げて、1つ屋根の下で組合同士がいがみ合う状況は解消された。

これで、過去の恩讐は乗り越えたように見えた。だが、民営化という目標を達成した途端、抑えていた不満が噴出する。1990年にはスト権を巡る綱引きをきっかけに、内部対立が決定的になる。

旧鉄労陣営がJR総連から離脱し、旧国労穏健派とJR連合を立ち上げた。もともと水と油だった両陣営は、国鉄時代に逆戻りしてしまう。

以来、JR各社の職場は、JR連合系と、JR総連系の組合員がいがみ合う異常な状態になっている。

JR総連側は「裏切り者」であるJR連合を認めるわけにはいかない。JR連合側は、「民主的ではない」とするJR総連に「民主化闘争」をしかけ、不毛な争いが続く。

「平和共存拒否」の痛撃

「平和共存拒否」。JR総連が掲げるこの運動方針が、職場内の亀裂を押し広げている。他労組の組合員との交流を禁じ、方針に背けば「裏切り者」のレッテルを貼る。組織内の締めつけという性格が強い。

ＪＲ北海道では、そんな排他的なＪＲ総連系のＪＲ北海道労組が、大派閥として君臨している。管理職を除く社員の84％が加入する。そして、加入率８％のＪＲ連合系のＪＲ北労組や２％の国労など、３つある少数派組合を「仲間外れ」にする。

職場によって温度差はあるようだが、飲み会には呼ばないし、仕事も教えない、会話もしない。他組合の者を結婚式に呼ぶことも、出席することも禁じている。

孤立無援の状態にある少数派の組合員を見つけると、「お前、キタロウ（北労）か」と侮蔑したり、取り囲んで所属組合の変更を迫ったりする実態も、裁判で明らかになっている。

陰湿――。組合が支配する職場を表すには、この言葉がぴったりくる。

かつて動労委員長の松崎は鉄労の全国大会で、「カラッとした労使関係をつくり上げていきたい」と言っていたが、ねっとり絡まる空気が漂う。

ＪＲ北海道の多数派を率いる委員長の鎌田は、この異常状態をどう捉えているのか。

「（他組合の者に）仕事を教えないということはあり得ない。逆にうちの若い組合員が、『こちらの組合に入らないと仕事を教えない』と言われている」「組合員がほかの組合の事務所に監禁されて、『組合を移れ』と迫られた」と、被害者の立場を強調する。

真偽は不明だが、普段、立場の弱い少数派は、ここぞとばかりに「多数派の横暴」を事故原因と結びつけようとしているように見えるのは確かだ。

少数派組合の幹部は、「平和共存の否定が職場の風通しを悪くしており、安全運行に支障が出ている」と訴える。少数派を支援するＪＲ連合の関係者は、ＪＲ東日本で起きた「三鷹電車区事件」や「浦和電車区事件」を持ちだして、批判のボルテージを上げる。

いわく、ＪＲ総連系の組合に所属する三鷹電車区の運転士が、他労組の人間が参加する芋煮会に顔を出したことをきっかけに、「組織破壊者」のレッテルを貼られて、連日のように罵詈雑言を浴びせられた。浦和電車区事件では他労組の組合員とキャンプに行った運転士が、繰り返し脅迫を受けて退職に追い込まれた。この事件では７人の逮捕者が出ている。

現にＪＲ北海道でも、最大労組の組合員が、少数派の結婚式に出席した仲間を問い詰める映像などがマスコミに届く。

多数派は少数派によるマスコミ工作を疑い、さらに不信感が深まるという構図だ。

■主なJR労働組合の変遷

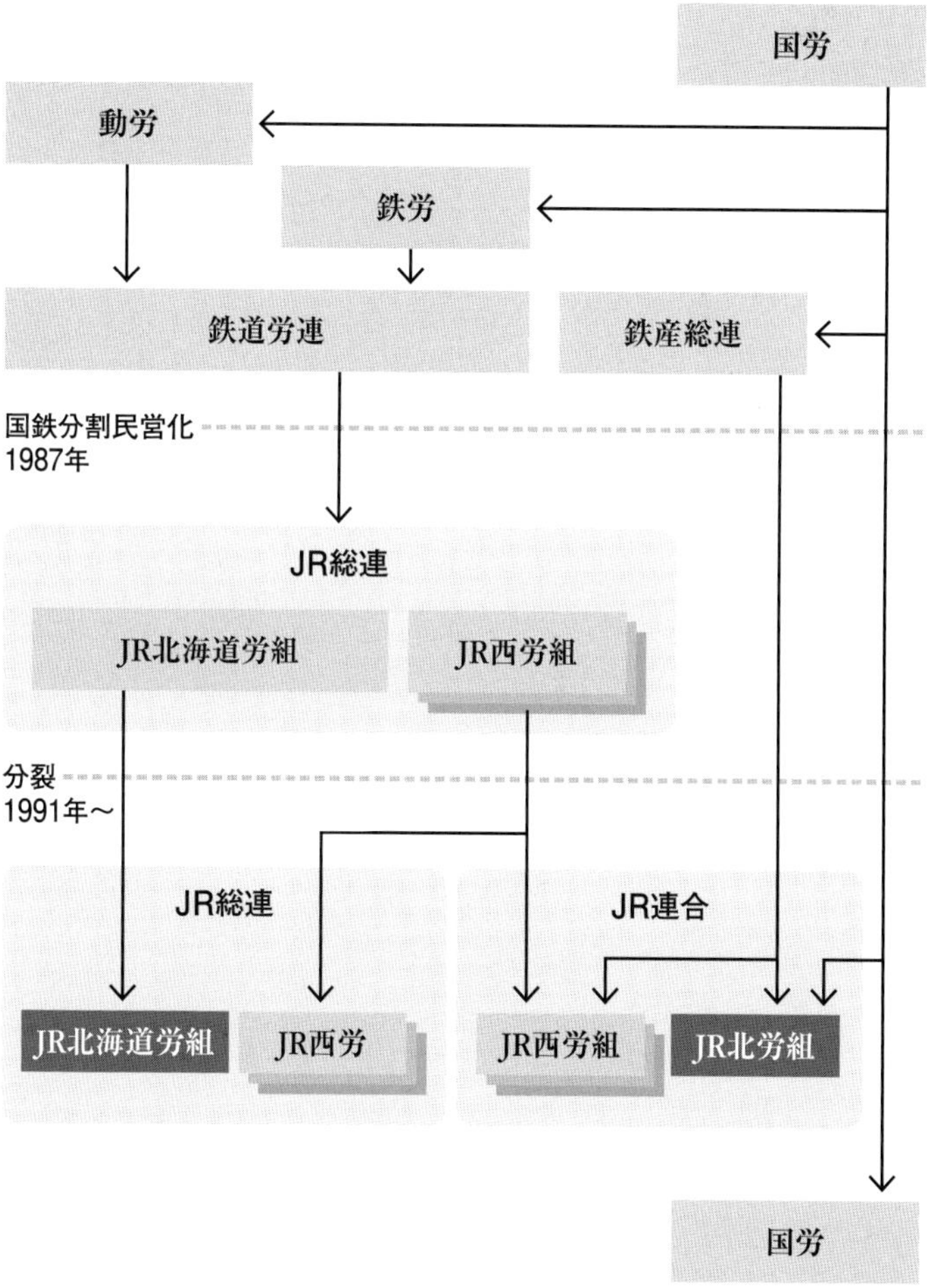

「他組合の者と口をきくな」

鎌田は組合対立をどう考えているのか。

「組合間の軋轢は一連のトラブルの一因になっていないか」

「なってない」

「断言できるか」

「断言できる」

その強気の発言は、焦燥の裏返しか。経営側は、そんな大労組に同調する。

2013年11月に開かれた衆議院国土交通委員会では、社長の野島誠に対して、こんな質問が出た。

「ほかの組合の者と休憩中も話してはいけない、飲食も禁止、結婚式にも出席できない。これで職場での連係プレーがうまくできるはずがないと思うが、こういった組合の実態について知っているか」

「(最大労組の) JR北海道労組がそのような運動方針を掲げ、ごく一部の職場でそうした事象があるということは聞いていますが、現在、会社の業務遂行上、問題になるという事象はないと考えております。仮に発生した場合には、厳正に対処していく所存でございます」

組合対立は安全運行に何ら影響を与えていない——。その見解は、最大労組と完全に一致している。そこに「なれ合い体質」が見え隠れする。

野島は、「4つの組合と同一テーブルで定期的に協議する機関の設置については考えてございません」とも答弁した。まるで平和共存否定を容認しているかのようだ。

だが、政府内からも疑問の声が上がり、野島も抗し切れなくなる。前言を翻し、翌12月に4組合の幹部を集めて、本社で「安全に関する労使合同会議」を開いた。民営化以来、4組合と経営側が一堂に会するのは初めてのこと。3カ月ごとに合同会議を開くという。

もっとも、その実態は組合同士が歩調を合わせているポーズを、世間に示すだけの会合にすぎないようだ。

初会合の終了後、鎌田は記者団の質問を受けた。

「職場で他組合の者と仲良くするよう組合員に指示しないのか」

「何で仲良くしなさいって言わなくちゃいけないんですか。子供じゃないんですから」

だが、職場の同僚を寄ってたかって仲間外れにすることこそ、子供じみた滑稽な姿ではなかろうか。20代の車掌は、「他組合の社員と口をきいただけで職場の組合役員に注意される」とあきれる。

組合執行部は、そんな末端にいる組合員の本音を把握し切れていない。組合間の権力闘争に明け暮れ、安全対策の歩調はバラバラのままだ。チームワークは乱れ、乗客をリスクにさらしている。

内向きの議論に終始する組合に、ＪＲ北海道の利用者はあきれるほかない。しかし、現場で繰り広げられる醜い対立に、本社は無関心を決め込む。

本社と現場の断絶――。それはＪＲ北海道が株式上場を断念した時から、深刻さを増していった。

第5章 対立

労働組合に分断された滑稽な職場

証言5

組合対立、何が悪い

JR北海道労組委員長
鎌田寛司の反駁

JR北海道労組は、加入率84%を誇るJR北海道の最大労組だ。執行部は「平和共存拒否」を掲げ、組合員が他労組の結婚式に出席するのを禁じるなど、イデオロギー対立をあおる。何のために職場を分断しているのか。「最大派閥」のドンが記者団に答えた。

問　鎌田さんから組合員に対して、ほかの組合とも職場で仲良くしようと伝える意思はないのか。
答　ないですね。今はないです。
問　どうしてか。
答　何で言わなくちゃいけないんですか、仲良くしなさいって。子供じゃないんですから。
問　JR北海道労組は、所属組合が違う社員の結婚式への出席を禁じている。
答　それが安全を阻害しているんじゃないか、ということを聞きたいのか。
問　例えば、営業中の駅にJR北海道労組の方々が、「所属組合の違う社員の結婚式に出ただろう」と突然押しかけるということが実際起こっている。
答　一部で起きていますね。
問　JR北海道労組の組合員は、どうしてそういうことをしているのか。
答　それは主義主張があるからじゃないですか。
問　JR北海道労組としてそういうことを許しているのか。業務に支障を来しているという声を社員から聞くのだが、どうか。

答　業務に支障を来してないと思います。

問　そう言い切れるか。

答　言い切りますよ、私は。

問　そういうことをしても、別に問題がないという考えか。

答　ＪＲ北海道労組のことばかり言いますけれども、それは逆もあります。

問　例えば。

答　そうですね、ＪＲ北海道労組の組合員が、ほかの組合の事務所に監禁されて、「組合を移れ」などと迫られたことがありました。

問　ＪＲ北海道労組の組合員は、所属組合が違う社員には仕事を教えないという話が漏れ伝わってくるが。

答　そういうことはあり得ません。むしろ逆じゃないですか。若い組合員が、「うちの組合に入らないと仕事を教えない」と言われたと聞いています。

問　では、組合同士の軋轢が仕事に支障を来している認識はあるということか。

答　それはないと思いますよ。そういうふうに言われたというだけの話で。

問　組合間の軋轢は一連のトラブルの原因の１つではないか。

答　組合間の対立は安全を阻害していません。
問　社員からは、チームワークの乱れや技能伝承の妨げになっているという悲鳴のような声が届いている。それでも安全を阻害していないと言えるか。
答　ええ。

「平和的にやるだけじゃダメ」

問　他組合の者と飲食もできない状況だが。
答　基本的に組織間の問題が安全を阻害しているという認識は、私は全く持っていません。組織の人数から言っても、そんなことはあり得ないです。（ほかの少数派は3組合を全部足してもＪＲ北海道労組の）10分の1ぐらいの規模しかいないのでね。だからといって変に見下げるとかいうことじゃなくて、現実はそうなんです。そこはマスコミの方も、ぜひ雰囲気で報道してほしくないと思っています（著者注：他労組と対立しても、圧倒的大多数は仲が良いので、仕事に支障はないという理屈だと思われる）。
問　どうしてこれほど組合間に摩擦があるのか。

答　それは主義主張が違いますもの。摩擦が起きないんだったら、1つの組合でいいじゃないですか。

問　JR北海道労組の主張を教えてほしい。

答　当たり前の組合活動をやるだけです。

問　「平和共存否定」はどうか。

答　それは何でしょうかね。それが問題あるということですか。

問　はい。

答　えーとね、それは私が書記長の時に平和共存拒否と言ったことを指摘しているのだと思うが、うちの組合はこういう取り決めでやる、ほかの組合はこういう取り決めでやっている。そこの違いをちゃんと若い人たちに知ってもらうことの1つとして、まあ、平和的にやるだけじゃダメなんだよというような話はさせてもらっていますけどね。

問　平和的にやるだけじゃダメだというのは、どういう意味なのか。

答　ちゃんと組合員としての自覚を持ってくださいということです。

問　それは営業中の駅に押しかけることなのか。

答　そういうことじゃないんですけどね。

問　それは、間違った解釈をしている一部の組合員が暴走しているということか。

答　いや、そういうことでもないですよ。

問　組合員にそういう指導をされているのでは。

答　そんなことはないですけどね（著者注：結局どのような方針なのかは、判然としなかった）。

問　ＪＲ北海道労組が革マル派と関係があるという指摘があるが、どうか（著者注：政府は国会答弁などで「革マル派がＪＲ総連やＪＲ東労組に相当数浸透している」としている。革マル派とＪＲ北海道労組の関係については、「鋭意解明に努めている。解明状況は明かせない」と答弁している）。

答　革マル派と一切関係ありません。

問　労使がなれ合ったために、職場が荒れたということはないか。

答　ないです。

問　例えば、ＡＴＳ（自動列車停止装置）を壊してもクビにならない。そういう労使の生ぬるさが、職場が荒れる原因になった気がするのだが。

答　それはちょっと違うんじゃないかな。

問　労使の間に緊張関係はあったのか。

答　あると思いますよ。ただ、ＡＴＳの話をすると、まあ、安全装置と言いますけれどもね、スイッチが入って安全装置の話であって、あれは機器破損というのかね。ということですよね。

問　つまりどういうことか。

答　だから処分が甘いという話は私も耳にしているが、やっぱり免職に次ぐきつい措置ですからね。処分は甘くはないんじゃないかと思います（著者注：経営陣は社内規定で、「解雇」に次ぐ重い懲戒処分である「出勤停止」とした）。

問　ＪＲ北海道労組は、国鉄民営化や民営化後の人員削減に協力してきた。経営側はそんな組合に気兼ねしているのではないか。

答　組合ですから会社とは対立するんです。これが前提です。そのうえでお互いに協力できるものは協力するという立場です。

「そんなガセネタ流さないでください」

問　会社側が乗務員に対するアルコール検査の義務化を先延ばしにしてきたのは、組合が反対したからではないか。

答 そんな事実はありません。

問 義務化が遅れたのはなぜか。

答 お酒を飲まない人であると、周囲も認める者であれば義務化しなくても問題ないと思います。ただ、昨今の状況に鑑みて会社は全員義務化するということですから、それはそれでいいんじゃないですかという話はさせてもらいました。

問 2013年7月に運転士が覚醒剤取締法違反の疑いで逮捕された。その後、北海道運輸局が会社側に実施を促した薬物尿検査については賛成か、反対か。

答 両方ですね。基本的に必要ないと思っています。でも、この期に及んで反対するのもどうかという思いもあります。尿検査の是非を判断するのは会社です。組合としての方針は確定していません。会社側からは何も相談されていません。何やらうちが反対しているみたいな話が、各方面から聞こえてきますが、そんなガセネタ流さないでください。

問 会社側は、レール検査データを改竄した社員3人を業務から外した。JR北海道労組に所属する組合員だと思うが、感想は（著者注：取材した2012年12月時点はまだ75人に上る大量処分の前だった)。

答　忸怩《じくじ》たる思いがあります。それだけで問題は解決するのか疑問です。書き換えた実行者の問題に切り縮めない(矮小化しない)方がいいと、会社側に訴えました。会社の体質にメスを入れていくべきです。

問　会社の体質とは、具体的に何を指すのか。

答　組合員から保線現場の証言を集めると、レール異常の放置やデータの書き換えは今に始まったことではなく、国鉄時代からあったというような話が出てきます。そこにメスを入れないと、問題の本質に迫れません。

問　国鉄時代からの放置や改竄は、いつ分かったのか。

答　放置の問題が明るみに出た時から開いていた職場集会で出た話です。

問　それまでは組合として全く認識していなかったのか。

答　認識していませんでした。申し訳ないと思います。職場のチェック機能は組合の役割の1つなのだが、把握できなかったことを本当に反省しています。国鉄時代は基準値内に書き換えても、すぐにレールを直していました。でも今は、数値を書き換える方だけが継承された。(データ改竄問題の歴史的経緯は)そんなところだと思うんです。

問 すぐにレールを直すのであれば、そもそも何でデータを書き換える必要があったのか。

答 そこまで聞いていません。

問 職場のチェック機能を果たすために、組合は何をすればよいと考えるか。

答 ちゃんと現場の声を聞くには、寄り添う必要があります。

問 寄り添うとは、どういうことをするのか。

答 組合員のそばにいるということですよ。いろいろ会話をして現状をちゃんとつかむということです。今までもやってきたけれども、取り組みが不十分だった。現場の実態を把握していなかったことについて、組合員に対してもそうですけれども、利用者、道民の皆さんに迷惑をお掛けし、非常に申し訳ないなと思っています。

問 寄り添うといっても、JR北海道労組は我々メディアに対しても閉鎖的な印象がある。そういったところが組合員にも伝わっているのでは。

答 あんまりそういう目で見ないでください。見た目通り、結構、本当はオープンなんです。ただ「責任組合」というのはやっぱり責任があるんですよね。その意味で、話したことが逆に混乱を招くこともありますので、メディア対応をあえて控えていました。

加えて、悪意のあるマスコミさんもいます。あらかじめストーリーができていて、それに私どもがしゃべったことをはめ込んでいくというような取材も過去にあり、大変、嫌な思いをしました。コメントがそのように使われるのなら、いっそのことメディアに出ない方がいいということで、対応してきませんでした。

「何でもかんでも集まる必要はない」

問 2013年12月20日、JR北海道本社で「安全に関する労使合同会議」の初会合が開かれ、民営化以降、4組合の幹部が初めて経営側と一堂に会した。以前からトラブルが続発しているのに、なぜそれまで4組合が顔を揃えることがなかったのか。

答 一堂に会する必要はないんじゃないですか。そもそも主義主張が違うから、4組合が存在します。

問 では、なぜ労使合同会議の初会合に参加したのか。

答　会社からの要請があったからですよ。

問　会社からの要請がなければ、出るつもりはなかったのでは。

答　うーん、何かね、4組合の協調をJR北海道労組が否定しているという前提が感じられます。

問　少数派組合の1つであるJR北労組は2013年10月に、4組合が安全確保に向けて共同行動を取ることを提案するも、鎌田さんが拒否したのではないか。

答　私は1回も否定したことありません。事実誤認です。私どもは「安全対策一本でやりましょう」と主張したが、先方がそれはのめないとなっただけです（著者注：共同行動には、①事故原因の究明と早急な安全対策、②所属組合の違いによらない風通しの良い企業風土の確立、③4労組合同による労使間の安全経営協議会の開催――などが盛り込まれた。鎌田は①に特化するなら共同行動は可能としたが、折り合いはつかなかった）。

問　労使合同会議に初めて参加した感想は。

答　安全一本で共にテーブルに着けたことは有意義だった。

問　ほかの組合と考え方が一致している部分はどこか。

答　今は危機的な状況ですから、信頼されるJR北海道をつくっていこうという点が一致しています。

問　野島社長は合同会議を四半期に一度は開催していきたいとしているが、鎌田さんとしてはどうか。

答　もっと多くても少なくても構わない。回数に別段こだわる必要はないと思います。何でもかんでも4組合が集まってやらなきゃいけないという理由もないですから。考え方が違うので。それぞれの組合がやるべきことは、労使協定に基づいて、それぞれがやればいいんじゃないかと思います。

（2013年12月20日に開かれた労使合同会議の初会合後の囲み取材を基に構成した）

証言5

鎌田寛司の反駁

第6章

挫折

ＪＲタワー、都市開発路線の功罪

2000年8月8日、運輸省10階の会議室で、鉄道局次長の石川裕己ら鉄道行政の担当官と、JR北海道、JR九州、JR四国の「3島会社」の幹部がテーブルを挟んで向かい合っていた。議題は「株式の上場について」である。

JR各社は1987年の国鉄分割民営化で、政府が株式を100%保有する会社としてスタートした。だが、いずれは上場し、株をすべて市場に放出する「完全民営化」をもくろんでいた。

事実、1990年代にJR東日本、JR西日本、JR東海の「本州3社」は予定通り上場を果たした。残る3島会社も、2001年度の上場を目指して運輸省と協議を進めていた。ところが、上場時期が迫ったこの日、運輸省サイドから思わぬ発言が出た。

「上場についてはあらためて検討しましょう」

聞いた瞬間、JR側幹部は、上場断念を通告されたことを理解した。その中に、後に社長となる経営企画部長の野島誠の姿もあった。

「約束が違う」

野島らは込み上げる言葉をのみ込んだ。

この時、水面下では東京証券取引所が、上場に難色を示していた。3島会社は赤字路線が多く、発足時に政府が用意した総額1兆2781億円にも及ぶ「経営安定基金」の運用益で赤字を穴埋めしていた。運用益は金利動向に左右されることから、その不安定な収益構造が、東証に問題視された。

民営化当初、3島会社も政府も、この基金が上場に際して障害になるとは考えなかった。当時はバブル経済の真っただ中で、超低金利の世界など想像できない。だが、バブル崩壊を経て、時代は大きく変わった。夢破れ、野島らはそのまま北の地に引き返した。

これを境に、JR北海道の経営は変質していく。

鉄道の変調と「副業中心主義」

JR北海道は1990年代まで、鉄道事業に果敢に投資していた。札幌をハブに旭川、函館、釧路の3都市を新型特急列車で結び、コミューター航空や長距離バスに対抗した。社内ではこれを「3方面作戦」と呼び、主要3路線で攻めの姿勢を鮮明にした。東証の上場審査を目指して、主軸である鉄道事業の業績を少しでも改善するためだった。

だが、上場という目標を失うと、鉄道事業への大型投資に急ブレーキがかかる。そして、社長の坂本眞一は、「副業」に大きく舵を切っていった。

坂本はその意志を、2002年3月に発表した中期経営計画「スクラムチャレンジ21」に込めた。過去に二度打ち出した経営計画とは異なり、この中期経営計画では、鉄道事業で初めて減収を見込んだのだ。計画の最終年度である2004年度の鉄道運輸収入は、2001年度の見込み値に比べて5億円少ない744億円とした。

旅客需要は1992年度をピークにじわじわと減っていた。それでも1990年代は、上場という目標があればこそ、夢を追いかけて積極的に投資していた。

だが、スクラムチャレンジ21で、JR北海道は鉄道事業に見切りをつけた。いくら主要路線を新型特急列車で高速化しても、そのほかの赤字路線に足を引っ張られる。上場の障害となっている経営安定基金に依存する経営体質からは、いつまでも抜け出せない。

坂本は上場を見送り、副業に成長を託すことにした。当時、会計制度の変更で、企業業績が単体から連結重視へと変わりつつあったことも背中を押した。

■JR北海道の売上高推移

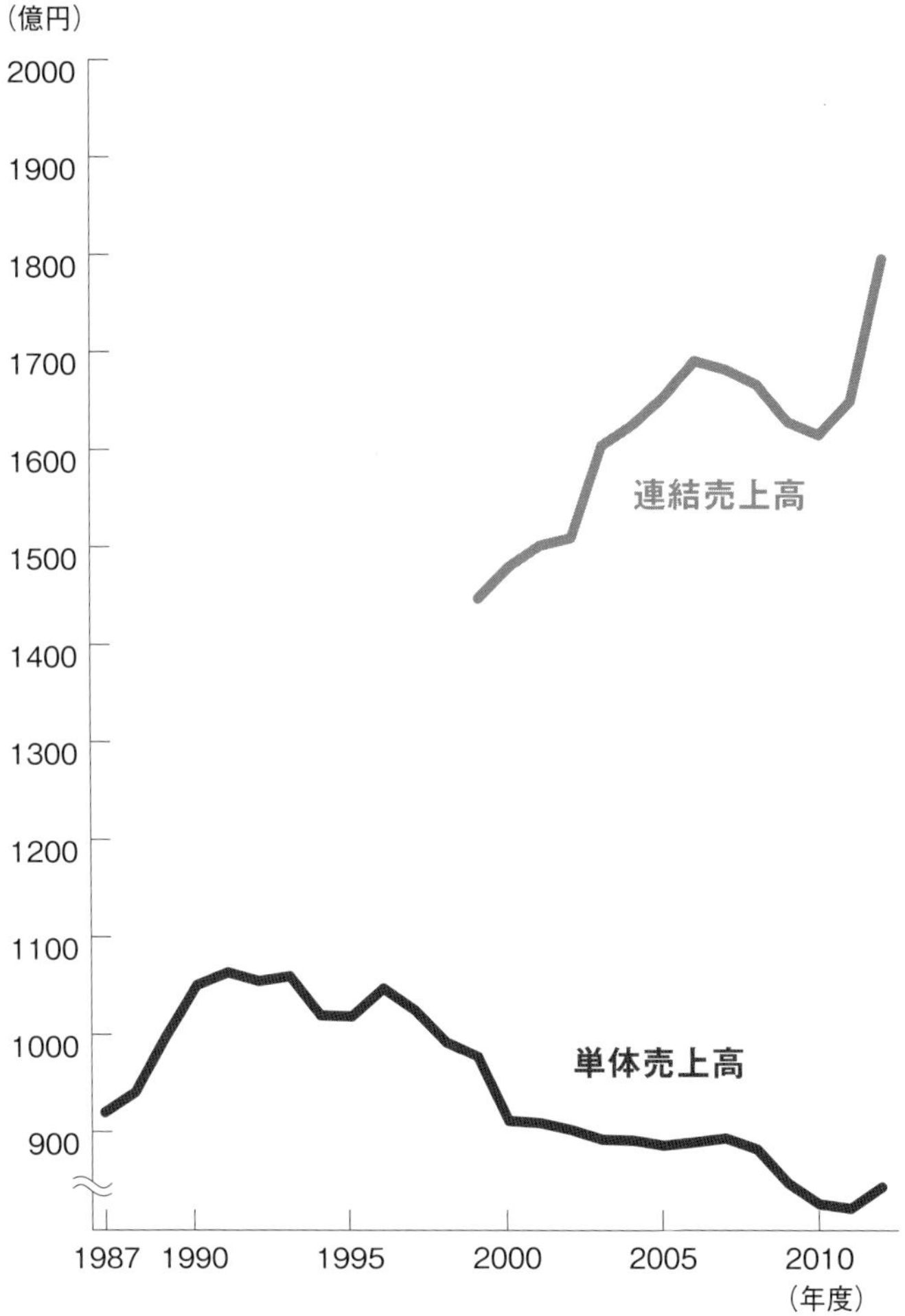

出所：JR北海道
注：連結決算は1999年度から公開

連結経営を見据えて、不動産賃貸業やホテル業、小売業、飲食業、旅行代理店業、広告業、情報サービス業など副業を手がけるグループ39社と、スクラムを組むようにして業績を上げていく方針を打ち出す。

鉄道事業は減収となるが、副業の拡大により、2004年度の連結売上高は2001年度の見込み値より、150億円多い1650億円を計画した。

連結経営をより強固にするために導入したのが、資金運用システム「CMS」だ。グループ内の余剰金を、資金不足に悩むグループ会社に融通して、銀行からの借り入れを圧縮するなど、一体的な資金運用を可能にした。

そして、スクラムチャレンジ21の発表から1年後の2003年3月、「JRタワー」が札幌駅南口に開業する。

坂本が開発に「社運を懸けた」と入れ込んだ、複合商業施設だ。総事業費は1000億円で、延べ床面積は東京ドームの約6倍に相当する27万6000㎡に上った。JRタワーホテル日航札幌、百貨店の「大丸」、「GAP」など各種専門店、映画館などが軒を連ね、オープン初日には予想の15万人を大きく上回る、24万人の道民が押し寄せた。

施設の中核を成す地上38階建ての高層棟は、173mと東北以北では最高の高さを誇った。坂本はスクラムチャレンジ21のシンボルに位置づけ、高みを目指した。

JRタワーは、札幌の商圏地図を塗り替えたといわれるほどの成功を収める。初年度に延べ5000万人近い人が訪れ、当初予想の2・5倍に上った。

大丸の初年度の売り上げは計画を40億円上回る390億円、専門店街「札幌ステラプレイス」の売り上げは計画を10億円上回る260億円に達するなど、抜群の集客力を見せつけた。

それまで、商業の中心地は札幌駅から南に約1㎞の大通地区で、札幌駅周辺はオフィス街に色分けされていた。だがJRタワーの開業で、札幌駅に商業地区の中心が移ってきた。

「都市の風景を変えてしまった」(地元財界人)といわれるJRタワーを運営するのは、札幌駅総合開発だ。今やグループ会社の稼ぎ頭として「親孝行」に励む。JR北海道は2012年度に不動産賃貸業で、前年度比9%増の71億円の連結営業利益を稼ぎだした。JRタワーの貢献によるところが大きい。

札幌駅総合開発をはじめ、グループ会社を統轄しているのは、JR北海道本社の開

2003年3月に開業したJRタワー。札幌の商圏地図を塗り替えた　JR北海道提供

発事業本部だ。JR北海道の元役員は、「開発事業本部は社内で花形の部門になっている。新入社員の間でも配属先として人気が高い」と話す。

「だが」と、さえない表情で続けた。「今振り返れば、鉄道事業の混乱はスクラムチャレンジ21から始まった」。

本社が現場をほったらかし

副業を統括する開発事業本部に対して、本業は鉄道事業本部が手がける。1990年代まで、鉄道事業本部は3方面作戦や新千歳空港駅と札幌駅を結ぶ「快速エアポート」の運行、新型リゾート列車の導入など、強気の戦略で会社を牽引していた。だがその活気は、スクラムチャレンジ21以降、開発事業本部に吸い取られるかのように失われていく。

「副業を重視するトップの意向は、鉄道事業本部にも伝わり、本社による鉄道の現場管理が甘くなっていった」（元役員）

鉄道で新たにチャレンジする分野がなくなり、鉄道事業本部の士気が緩んでいった様子がうかがえる。

元役員は、「本社と鉄道事業の現場の関係が疎遠になっていった。本社が関心を示さなくなったことをいいことに、現場が不正を働くようになった」と言う。

ＪＲ北海道に対する特別保安監査を指揮した国土交通省・鉄道局技術企画課長の潮崎俊也も、同じ感想を抱いた。

「本社は現場の実態への関心が薄く、物事の対応を現場任せにしている」。そう痛感する出来事が監査中にあった。

レール異常の放置が発覚した保線現場で、不正やミスを防ぐために、保線員同士や現場の上役、本社が作業をチェックするルールを導入する必要があると考え、鉄道局長の名前で２０１３年10月上旬に改善を求める通達を出した。

翌月、潮崎は進捗状況を調べるためにあらためて現地に入った。確かに、ルールや組織は整っていた。

しかし、本社から保線現場への指導は一片の紙切れによる通知のみ。潮崎は、「新しい仕事の仕方を身につけてもらうには、本社の社員が現場を行脚してその意義を説いて回るなど、有効な指導法はいくらでもある。だが、本社は文書の発出で済ましていた」とあきれる。

不正が発覚してもなお、本社が現場を放置し続けるという、信じられない実態が浮き彫りになった。

JR北海道には、以前から本社と現場の意思疎通を図る仕組みがあった。本社社員が現場を定期的に訪問し、末端の意見を吸い上げる「意見交換会」がそれだ。だが、20代の運転士は、「意見交換会は全く機能していなかった」と明かす。

「本社の運行管理部門から社員が、(運転士が詰めている)運転所に意見を聞きにやって来る。だが、運転所長からは事前に『面倒なことは言うな』と釘を刺されている。しかも、その運転所長が意見交換会に同席しているので、当然、言いたいことは言えない」

こんな意見交換会で、現場の実情をつかめるはずがない。

潮崎は監査結果をまとめた報告書で、JR北海道の本社が現場の実態把握に基づいた安全対策を、何一つ満足にできていなかったと断じた。さらに本社の無関心が、現場のモチベーション低下を招いている事実を暴いた。

「予算配賦についても、本社は十分に現場の意見を聴くことなく、前年度を踏襲した予算編成を行ってきており、現場においては、このような本社の姿勢に対して、現場としての必要額の要望をあえて行う意欲を失ってきたという面があると考えられる」

本社では、レール異常の放置が発覚した2013年9月以降、保線現場の声をあらためて集約した。「要求通りの予算がつかない」「検査機器を増やしてほしい」「補修作業を軽減するために、不要な設備は撤去してほしい」などの意見が出た。

いずれも保線現場が何年も前から抱いていた不満ばかり。だが、本社は真摯に耳を傾けず、現場も声を上げる気力すらわかないほど、怠惰になっていた。

元役員は、「本社がもっと現場に関心を示していれば、絶対に会社は今のような惨状に陥ることはなかった」と嘆く。

「鉄道事業だけでは飯を食べさせられない」

会社の進路を、本業から副業へと切り替えた当の坂本は、どう思うのか。

相談役に退いていた坂本に2013年12月、自宅前で単刀直入に聞いてみた。

「スクラムチャレンジ21を打ち出したことで、本社は鉄道事業に関心を寄せなくなり、トラブルが相次ぐようになったのではないか」

「言い訳に聞こえるかもしれないが、当時は余剰人員の雇用を確保しなければならなかった。鉄道事業だけでは、従業員に飯を食べさせていけないことは明らかで、関連事業に力を入れる必要があった。ただ、鉄道事業をおろそかにはしていない。当時は、JR各社の間に、鉄道事業と関連事業を一体的に推進しようという機運があった」

あの頃の状況を理解してほしい――。そう弁明しているように聞こえた。

もちろん、経営戦略として、じり貧の鉄道とは別に事業の柱を構築しようと考えることは間違いではない。ただ、鉄道事業の本社機能が著しく低下しているにもかかわらず、有効な手立てを取らないまま、経営資源を副業に集中させたとすれば、本末転倒だ。

鉄道事業本部は、自力では再生できないところまで本社部門が弱体化した。国交省の指導もあって、2013年11月にJR東日本から技術系管理職8人を本社スタッフとして迎え入れた。不正が横行する保線現場を管轄する工務部、列車の出火、故障が絶えない車両部などにそれぞれを配置し、指導を受けている。

8人を送り出したJR東日本副社長の深澤祐二は、「本社は必ずしも（現場の）実態を把握できていない。まずは実態を把握できるようにしたうえで、改善計画を立て、それをＪＲ北海道が自分たちで実行するサークルを回せるようになるところまで手伝いたい」と言う。

一から現場管理の方法を教え込まなければならないほど、本社は何も分からなくなっていた。

８人を迎え入れた後に、国会に呼ばれたＪＲ北海道社長の野島誠は、「私たちは現場の状況を十分に把握しておらず、至らなかった点があると反省をしています」と、敗北を認めるほかなかった。

現場に目を光らせていたヤミ専従

現場管理能力が低下したのは、本社だけではない。労働組合の本部もしかりだ。組合は本来、組合員の生活を守ることほかに、現場の問題点を洗い出して、本部や支部を通じて会社側に改善を求める役割を負っている。

ＪＲ北海道の最大労組、ＪＲ北海道労組（北海道旅客鉄道労働組合）を率いる委員長の鎌田寛司は、2013年12月、記者団の取材に応じ、レール検査データの改竄を長年見抜けなかったことを悔いた。「現場のチェックは組合の大きな責務の一つだ。しかし、実態を把握できなかった。反省している」。

JR北海道の関係者は、「民営化を契機に、組合の現場チェック機能は損なわれた」と証言する。

国鉄時代は、各職場に配置された「専従」の組合員たちが、現場に目を光らせていた。会社に無断で組合活動に専念する「ヤミ専従」も横行し、北海道の専従は正規、非正規を合わせて数百人に上った。

その数百人が経営陣を攻撃する材料になるような職場のあらを探した。良くも悪くも、専従の組合員が職場の問題点を見つける役割を果たしていたという。当時は携帯電話が普及する前だったが、組合員は「鉄道電話」を無料で使うことができ、各職場と本部は緊密に連絡を取り合っていた。

JR北海道の関係者は、「国鉄時代は経営側よりも組合本部の方が、よほど現場に精通していた」と話す。

しかし、職場の規律を取り戻すため、民営化を機にJR北海道の経営陣はヤミ専従を一切禁じた。専従は正規の手続きを取った本部などの一部の組合員だけになった。そして、数百人の専従を通じて組合本部が現場を把握し、問題点を会社側に指摘する機能は失われた。

組合のチェック機能は働かず、本社もほったらかし。現場に自己管理能力はなく、荒れるがままになった。

「ちょっと、あり得ない」

特別保安監査で職場の荒廃ぶりが明らかになった時、国交相の潮崎は言葉を失った。

第6章 挫折

JRタワー、都市開発路線の功罪

証言6

鉄道事業はなおざりにしてない

坂本眞一の遺言

JR北海道相談役
（社長在任　1996～2003年）

札幌の自宅マンション前で取材したのは、2013年12月のことだった。労使関係のこと、自殺した社長の中島尚俊のことなど、聞きたいことはたくさんあった。

帰宅時に、取材目的を告げて質問を始めた。

JR北海道提供

問　2002年3月に発表した中期経営計画「スクラムチャレンジ21」は、不動産賃貸業やホテル業などの関連事業に力を入れる契機となった。一方で、本社の鉄道事業への関与、関心が薄れて、トラブルが続発するようになったのではないか。

答　言い訳になるかもしれませんが、当時は余剰人員問題を何とかしなければなりませんでした。鉄道事業だけでは社員に飯を食わせられないことは明らかで、関連事業に力を入れて、新たな働き口を用意する必要がありました。

ただ、鉄道事業にも錚々たるメンバーを配置したつもりです。鉄道事業に加えて、関連事業の両方に力を入れたということです。鉄道でいえば、私は北海道新幹線の実現に情熱を注いでいました。鉄道という基軸が存在するからこそ、札幌駅ビル（のJRタワー）開発などの関連事業が生きてきます。あの頃は、うちに限らずJR各社の間で鉄道と開発を一体的に推進しようという機運がありました。

関連事業にかまけて、鉄道事業をおろそかにしたことはないと語る坂本。それでは、相次ぐトラブルの原因はどこにあるのか。労使関係に焦点を当てると、経営陣はATS（自動列車停止装置）を破壊した運転士に厳しい処分を下すことなく、乗務員を対象にしたアルコール検査の義務化も長年見送ってきた。労働組合への弱腰の姿勢が相次ぐトラブルの源流にあったのではないか――。そう聞いてみた。

問 経営陣が労働組合となれ合ってしまって、組合員のモラルハザードを引き起こしたのではないか。

答 なれ合ったことはありません。一緒の方向を向いて仕事しているだけです。

問 国鉄時代は労働闘争が相当に激しかった。だが、民営化直前に組合は国鉄改革に協力する姿勢に転換、民営化後も人員削減に協力している。労使協調路線が定着した。

答 労使が両輪で事業を推し進める態勢を取ったということです。民営化で組織が大きく変わったということもあり、当初は列車を動かすことに労使ともに一生懸命でした。

問 やはり民営化を機に労使関係が対立から協調に転換して、経営側は組合に強い姿勢で臨めなくなったのではないか。もしくは組合をアンタッチャブルな存在にしてしまったのか。

答 いやいや、私が社長だった時は、組合とは定期的に話し合っていましたよ。会長の大森（義弘）さんが労務の大将で、「お前は組合についてよく分からないだろうから、俺に任せろ」と言うので、組合との協議は彼に委ねていました。大森さんは国鉄時代から労務に携わっていたので、組合については熟知していました。

一方、私は「土木屋」です。（最大労組の）ＪＲ北海道労組は運転士を中心とする旧動労の人たちが主流派でして、土木屋の私とは畑が違います。だから私が口出ししても、組合は言うことを聞いてくれなかったでしょう。

話題を中島尚俊の自殺に移した。２００７年に社長に就任した中島は、労使関係の健全化に取り組んでいた。だが、２０１１年5月に発生した石勝線脱線火災事故の対応に追われる中、労使協定（36協定）を結ばないまま、社員に残業や休日出勤をさせたとして、労働組合から突き上げられていたとされる。そして、同年9月に死を選んだ。

問　中島さんは組合問題に悩んで自殺したということは考えられないか。

答　それは、分かりません。組合の問題はどこの会社もあるんだろうけれども、何が原因だったのか……。中島さんはかわいがっていた男だった。自殺することが分かっていたら、止めていましたよ。

問　組合問題と自殺の間に、因果関係はないということか。

答　中島さんの死につながるような、組合の激しい動きはありませんでした。もし組合問題で追い詰められて自殺したと考えているのでしたら、それは思い過ごしです。

問　中島さんが失踪した2011年9月12日、あなたと会談する予定だったという情報もある。

答　いや、それは全く知りません。当日、私は会長を務める北海道観光振興機構のオフィスにいましたから、会う予定はありませんでした。私の知らないところで会談が組まれていて、突然呼び出されることになっていたのなら、あり得ますが。

ともかく突然、電話がかかってきて、中島さんが行方不明だというので、びっくりして、（JR北海道本社に戻るために）飛び出したという次第です。

中島が行方不明になった直後の2011年9月16日、JR北海道は国土交通省に「安全性向上のための行動計画」を提出、2012年11月には「安全基本計画」を公表した。

問　石勝線脱線炎上事故後に、2つの再発防止策をまとめたにもかかわらず、労使一体の安全対策が講じられることはなかった。どうしてか。

答　その頃、私は既に相談役になっていたので分かりません。経営の一線を退いているので、社内の動向が全部見えているわけではありませんでした。

私は相談役になってからも、取締役会に出席していたとして叩かれました。しかし、外部の空気を流し込むために出席していただけです。お客さんの声を紹介したり、新幹線建設の動向を報告したりという具合です。反省はしています。

坂本は取締役会への出席問題について、自ら言及した。当時、「旧経営陣が現経営陣ににらみを利かせている」などと、国会やメディアで批判されていた。坂本と一緒に「旧経営陣」として名指しされたのが、特別顧問の柿沼博彦だった。坂本は社長在任中に柿沼の開発した振り子式特急列車を導入、道路と線路の両方を走行できる「DMV」の開発にもゴーサインを出した。

問　柿沼さんは技術トップとして車両開発に情熱を注いだ。確かに夢のある試みだったが、一方で線路や車両の保守がおろそかになったのではないか。

答　今からすればそういうことになるでしょう。けれども社員に夢を持たせることも重要だった。そういう意味で、私も北海道新幹線の実現に力を入れました。

北海道新幹線は新青森～新函館間で2016年3月に開業する予定だ。坂本は国鉄時代に新幹線の建設に携わっていた経験を生かし、各方面との調整に奔走した。だが、新幹線プロジェクトは「坂本の遺産」になった。別れ際にこう聞いてみた。

問　JR北海道はどこで経営を間違えたのでしょうか。

答　私の口からはそのことについては言えません。皆、一生懸命頑張っていますから。

そう言い残すと、坂本は自宅マンションに消えた。それから1カ月後の2014年1月15日朝、坂本の水死体が余市港で発見される。遺書は見つかっていないが、自殺と見られている。

証言6

坂本眞一の遺言

（2013年12月2日と12日の取材を基に構成した）

盟友の死、つらすぎる

小池明夫の後悔

JR北海道会長
（社長在任　2003〜2007年、2011年〜2013年）

JR北海道提供

相談役の坂本眞一が会長だった時代（2003〜2007年）に、小池明夫は社長を務めた。

坂本の死亡が確認された翌日、憔悴した様子で盟友を悼んだ。

坂本相談役が亡くなられ、本当につらい。安全に関わる問題を解決しようとする道すがらの出来事で、残念です。

そういった（死を選ぶ）行動を取る気持ちを、私どもがきちっと忖度《そんたく》できなかったと痛感しています。（2011年9月に自殺した中島尚俊氏に続き）社長経験者2人を失ったことになります。残された者たちは、これからしっかり課題を解決しないといけません。

坂本相談役は最近の（相次ぐトラブルという）事象について、とても心配していました。ただ、書き置きなどは見つかっていませんので、それが（死を選んだ）直接の原因であるかどうかは分かりません。

「命取りになりかねない」

2011年5月に石勝線脱線炎上事故が発生した時には、「事故を教訓にしなければならない。会社の命取りになりかねない」と言っていました。中島さんが亡くなった時にも、「しっかりやってほしい」と言い渡されました。

しかしその後も、車両故障が相次ぎ、要望通りにできていなかったと反省しています。坂本相談役は土木畑の出身です。若い時は施設部長などの経験があります。現場を熟知しているだけに、レール異状の放置や、検査データの改竄が発覚した際には、「現場がきちっと仕事しないといけないのに、なんでそうなっていないんだろう」と思っていたに違いありません。

体調面では歯の調子が悪いと漏らしていました。今から思えば、もう少しそのことについて突っ込んで議論していればよかったと悔やまれます。

また、相談役の立場で取締役会に出席していたことが国会やメディアで批判され、気にしていました。2013年9月27日の取締役会を最後に、10月以降は出席を見合わせていました。

生前に尽力したプロジェクトに、北海道新幹線の建設があります。実現に向けて、非常にアクティブに動いていました。札幌駅の新駅ビル「JRタワー」の開発プロジェクトでも同様です。関係機関との長い協議を積み重ねて、一歩一歩実現に近づけていく開発手法は素晴らしかった。

（JRタワーなどの）関連事業を重視しすぎたのではないかとの批判があるかもし

れません。ただ鉄道会社が鉄道事業だけに専念する時代ではなくなっています。関連事業による経営の多角化は、本州の鉄道各社もやっていることでした。

私たちは、今後しっかりと鉄道事業の再生を図っていきます。

（2014年1月16日の記者会見を基に構成した）

第7章

審判

〝再国鉄化〟に未来はあるか？

２０１３年11月半ば、ＪＲ北海道の職場は極度の緊張状態に入った。突然、男たちが乗り込んできて、「検査員証」をちらつかせたのだ。

「これから鉄道事業法第56条に基づき、立ち入り検査を実施します」

そう宣言して、資料の提出を命じる。次々と社員を呼びつけ、怪しいと疑ったことは、何度となく問いただしていく。すべては、「データ改竄」が発覚したことで急変した。

国土交通省による特別保安監査は、その2カ月前から始まっていた。２０１３年9月、函館線大沼駅構内の列車脱線事故で、レール異状の放置が明るみに出たからだ。

ところが10月下旬、国交省に驚愕の情報が流れる。

「監査の直前に、保線員がレール検査データを改竄しているらしい」

事前に資料を準備させるため、監査に入る職場を予告していた。これが裏目に出た。

事態を知った首相官邸も危機感を強めた。

「これまで以上に厳しく調べろ」

官邸は、保安監査を指揮する国交省・鉄道局技術企画課長の潮崎俊也に、そう厳命した。人命を脅かす不正行為が横行している──。ＪＲ北海道事件は、一気に国家の問題となった。

監査態勢が見直され、10月は16人だった人員が、11月半ばには34人に増強されていた。そして、抜き打ちで現場に乗り込んでいく。

「ひどすぎる」

潮崎は現場の実態を目の当たりにして、そうつぶやいた。本社が現場を指導する場合は通達の紙を送るだけ。現場は弛緩し、線路などの補修に必要な予算を要求する気力すら失っている。

当事者能力を欠いた組織は、もはや自律的に再生に向かうことはできない。そう痛感した国交省は、2014年1月21日、再発防止策をJR北海道に提示した。「改竄した者に対する厳しい処分」「第三者による安全対策監視委員会の設置」「安全管理規程の見直し」など、細かく施策を提示した。

しかも、国交省が実施状況まで随時、チェックしていく方針を打ち出した。その背景には石勝線脱線炎上事故の対応での、苦い経験がある。

2011年5月に起きた惨事の後、国交省は再発防止策の作成と実行をJR北海道に任せた。だが、施策こそ示されたが、着実にそれらを実行に移すことができず、事故が繰り返されている。

「今回は国交省が、具体的に一つひとつやるべきことを示した。今後約5年にわたって、進捗状況をフォローアップしていく」

と潮崎は語る。社長の野島誠には、国交省の方針を全面的に受け入れるほかに、選択肢は残っていなかった。

「お示しいただいた命令は、大変重く受け止めております。内容をしっかりと吟味したうえで真摯に対応させていただきます」

JR北海道は、国家に管理される形になった。もはや企業任せでは再生できない。「国鉄化」とも取られかねない審判が下された。

本社に捜査員が乗り込む

国策による企業再生は、「実力行使」で幕を開けた。

2014年1月30日、その日も普段通り苗穂運転所に出勤していた元運転士の姿が、見当たらなくなった。身柄は人知れず、北海道警察札幌手稲署に移されていた。道警はATS（自動列車停止装置）を破損した疑いで逮捕。経営陣はATSを壊したにもかかわらず、15日間の出勤停止で事態を収めようとしていた。しかし、事なかれ主義は、容赦なく覆された。

その後、道警は苗穂運転所に再度、捜査車両を向かわせた。捜査員数人が段ボールを手に職場に乗り込み、関係資料を押収していく。警察の威力を見せつけた。同僚運転士らは震え上がる。「見せしめ効果」は絶大だった。

国家権力の行使は続く。

2014年2月10日、国交省は、特別保安監査と事故調査の直前に、改竄に手を染めた社員と、法人としてのJR北海道を刑事告発した。道警本部は同日中に総勢160人の捜査員からなる対策室を設置している。

公権力を欺く行為は許さない。そんな政府の意志が示された。

そして、2014年2月12日午前9時すぎ、道警の大型バスが本社に横づけされる。列になって出てきた約50人の捜査員が、無言で正面玄関に向かい、組織の中枢に散らばっていった。

もう誰にも止めることはできない。

保線現場を管轄する工務部、資材の発注などを手がける財務部、特別保安監査の窓口となっていた総務部……。それぞれが持ち場で、資料やパソコンのデータを押収していく。

「捜査には最大限協力します」

社長の野島誠は、家宅捜索中に開いた記者会見で、「まな板のコイ」となることを宣言した。この会社はどうなってしまうのか――。社員らはなすすべがなかった。

本社が家宅捜索を受けていた頃、改竄に関わっていた函館支社、函館保線所、函館保線管理室、大沼保線管理室にも、捜査員が次々と現れ、資料を段ボールに詰めていった。家宅捜索は翌日も続き、さらに本社の捜査はほかより1日長い、3日間という異例の長さに及んだ。

最終的に、関係5カ所から運びだされた段ボールは合計百数十個に上った。

捜査の重点は、膨大な資料の精査と、関係者の事情聴取に移った。そして、JR北海道は、国家の裁きを待つ身になった。

「今度こそ立ち直ってもらわねばならない」

国交省幹部はそう語気を強める。

■JR北海道をめぐる政府・国会・警察の主な動き

2013年	9月19日	国交省	函館線大沼駅構内で貨物列車が脱線との一報が入る
	9月20日	国交省	運輸安全委員会が本格的な事故調査を開始
	9月21～28日	国交省	レール異常の放置が発覚、1回目の特別保安監査を21人態勢で実施
	10月9～12日	国交省	16人態勢で2度目の特別保安監査を実施
	10月下旬	国交省	監査直前にデータが改竄されていた恐れがあるとの情報が入る
	11月13日	官邸	改竄を受けて菅義偉官房長官が記者会見で「違った対応が必要」と発言
	11月14日	国交省	34人態勢で3度目の特別保安監査を開始。抜き打ち検査に切り替える
	11月22日	国会	衆議院国土交通委員会がJR北海道社長らを追及
		官邸	菅官房長官が会見でATS破壊者に対する甘い処分を「あり得ない」と批判
	11月28日	国会	参議院国土交通委員会がJR北海道社長らを追及
2014年	1月20日	国交省	3度目の特別保安監査を終了
	1月21日	国交省	再発防止策「JR北海道の安全確保のために講ずべき措置」を提示
	1月24日	国交省	再発防止策を実行させる命令を発動
	2月10日	国交省	ATSを破壊した運転士の免許取り消し。データ改竄で刑事告発
		道警	対策室を立ち上げ
	2月12～14日	道警	本社など関係5カ所を家宅捜索

職場を荒廃させた国の責任

だが長い間、ＪＲ北海道と「ぬるい関係」を続け、堕落するに任せていたのは、ほかならぬ国交省だった。その緊張感のない関係は、首相官邸に促されて拳を振り上げるまで続いた。

出先機関の北海道運輸局は、定期的に監査を実施していた。だが、その中身はおざなりそのものだった。

「こう言っては悪いけど、銀行に対する『金融庁検査』のようなピリピリした監査とは、全く性格が異なる。書類に目を通して、質問するという程度だ。役員であったとしても、『あれ今日、運輸局が監査していたの？』と、気づかないぐらいだ。これまで監査で何か指摘された記憶はない」

ＪＲ北海道の元役員はそう証言する。

金融庁は監査でみずほ銀行と反社会勢力の取り引きを突き止め、２０１３年に業務改善命令を発動している。鉄道業界は金融業界などとは違う。そんな思い込みが、国交省の対応を鈍らせた。

潮崎は、「定期的な監査は、現場が意図的に手を抜いたり、改竄したりしている恐れがあることを前提に、実施していなかった」と言う。性善説に基づいた監査が、保線現場の荒廃を許したともいえる。

ＪＲ北海道に対する「運輸安全マネジメント制度」も、十分機能していなかった恐れがある。

２００５年にＪＲ西日本の福知山線で起きた脱線事故を教訓に、国交省が２００６年に運用を始めた制度だ。鉄道会社や航空会社などに、「安全報告書」を提出させ、本社や支社、営業所に立ち入るなどして、安全面をチェックする。調査官が、社長や安全部門の責任者と面談して、安全管理体制を問いただすという念の入れようだ。

だが、それにもかかわらず、ＪＲ北海道では事故の連鎖は止まらなかった。鉄道会社の安全問題に詳しい関西大学教授の安部誠治は、こう批判する。

「国交省はこれまで運輸安全マネジメントで、ＪＲ北海道の社内を十分にチェックできていたのか疑わしい。国は制度の妥当性を検証しなければならない」

赤字体質のＪＲ北海道は、財務的に、安全運行に必要な費用を確保できているのかという疑問もわく。安部は、国による資金の手当てが必要だと訴える。

「政府はJR北海道のために、経営安定基金を増額するなどして、年間500億円近い資金を保障するべきだ」

500億円は、民営化時にJR北海道で見込まれた赤字の規模だ。政府は経営安定基金を用意し、その運用益で500億円を穴埋めできるようにした。

だが、現在では運用益が年間250億円まで半減している。経営陣は収支を合わせるために、車両や線路の補修に必要な予算を削り、トラブル続発の原因になっている可能性がある。

国は、JR北海道が安全より利益を優先しがちな民間企業であることを忘れているかのようだ。利潤を追求する意識が希薄だった国鉄時代は、終わったにもかかわらず。

JR北海道に限らない。JR各社の経営陣は、ほかの輸送機関との競争に必死になっている。

107人の死者を出した福知山線事故では、JR西日本の経営陣が利潤追求に走りすぎたのが惨事の一因とされた。当時、私鉄との過酷な競争の中で、過密ダイヤを組んだことがたたって、列車の遅れが目立つようになっていた。

事故を招いた運転士は、オーバーランで遅れた時間を取り戻そうと、猛スピードでカーブに突入した。経営陣が競争にのめり込んだ末路だった。

ＪＲ北海道もまた１９８７年の発足時から、拡大する高速道路網やコミューター航空路線との競争にさらされていた。

初代会長の東條猛猪は、民営化する時に「乗客が増えれば収入が上がり、社員の所得も増えるという民間企業の発想に頭を切り替えてほしい」と、社内に呼びかけた。

増収策の切り札となったのが、特急列車の高速化だった。国鉄時代に時速１００㎞程度だった最高速度を、１９８８年に時速１２０㎞に引き上げた。１９９０年以降は相次いで時速１３０㎞の新型特急列車を運行させている。

高速化すれば、車両部品やレールの摩耗も早くなる。だが、経営陣は収益性を優先し、補修に予算が十分に割り当てられることはなかった。そして、事故が頻発するようになった。

経営陣が「民間企業の発想」に転換したからこそ、監督官庁には安全面での厳しいチェックが求められた。特に民間企業として、歴史が浅いうちは注意が必要だった。

勝負の世界で生きてきた私鉄は、安全こそが競争の前提であるということを時間をかけて学んだ。だが、民営化によって急遽、民間企業に衣を替えたＪＲ北海道は競争

JR西日本の福知山線事故は過密ダイヤに一因があった　朝日新聞社

に不慣れなだけに、収益追求の一方に触れる可能性があった。

だが、国交省は発想を転換することがなかった。

見えぬ「再起の行方」

死に体となったJR北海道を、国が手取り足取り動かそうとする——。その姿は、末端社員から経営トップまでが、漫然と日々の業務をこなし続けた組織体の成れの果てではないか。

経営安定基金の運用益は1990年以降、じわじわと減り続けていたにもかかわらず、経営陣は政府に抜本的な解決を十分に求めなかった。

歴代の経営者は、前任者の路線を引き継ぐだけで、思考停止に陥っていた。ひたすら社員数を減らして、人件費や補修などのコストを抑えることが仕事になっていた。

現場社員は人手と資材不足に悩まされた。それでも、国鉄時代からの仕事の仕方を変えようとしない。JR東日本などは、保線作業を機械化するなどして、より少ない人員でレールを補修できるようにしてきたが、JR北海道は相変わらず多くを手作業に頼っている。やがて、修理が間に合わなくなり、嘘とごまかしがはびこる。

1990年代に導入した特急車両などは老朽化が進んでいるのに、更新することなく酷使し続けた。老朽化した車両を使うのであれば、整備により時間を掛ける必要があったが、ダイヤを見直すことなくそのまま走らせた。

労働組合は不毛な権力闘争に明け暮れ、職場は分断されたまま。組織体は死を待つだけの「ゆでガエル」になった。

そして、無理に無理を重ねたツケが一気に噴出していく。

列車の脱線、出火、発煙が絶えなくなり、ようやく死が間近に迫っていることに気づいた時には遅すぎた。もはや自力では組織を再生できない――。経営層を絶望感が襲う。

2011年に現役社長だった中島尚俊が自殺、企業の正常化を求める多数の遺書が自室から出てきた。それを追うように、2014年1月、元社長の相談役、坂本眞一が死を選ぶ。「皆、一生懸命頑張っている」という言葉を残して。

本来、危機に直面した企業は、経営トップ層が先頭に立って再建するしかない。だが、その職務から逃れるように消えていった。

正視するに耐えない社内から目をそらす方法が、自決だったのかもしれない。それは一世紀を超える鉄道史の中で、むしばまれる組織体を放置し続けた末路である。腐食は社内の奥深くまで進行していた。

振り返れば、ＪＲ北海道が発足した当時、初代社長の大森義弘はこう語っていた。

「意欲と情熱を持って、厳しい新会社の前途に立ち向かうなら、必ず未来は開ける」

だが、「意欲と情熱」を抱けぬまま、組織は「厳しい前途」に迷い込んだ。

２０１１年5月27日午後9時55分——。

石勝線の特急列車が脱線した。そして、トンネルの中で立ち往生した車両から、火の手が上がる。釧路の勤務医、新藤純理は煙に巻かれ、死を覚悟した。ＪＲ北海道の時計はそこで止まったままだ。暗闇から抜け出す日は、見えてこない。

１日36万人の命を預かり、今日も列車を走らせている。

証言8

これほどひどいとは思わなかった

国土交通省・鉄道局技術企画課長

潮崎俊也の驚愕

国土交通省は2013年9月～2014年1月に、3回に分けて断続的にJR北海道に対する特別保安監査に踏み切った。異例ともいえる大規模な監査の指揮官は、現場の惨状に言葉を失った。

朝日新聞社

これほどひどいとは思わなかった。これはJR北海道に対する特別保安監査を指揮した者としての率直な感想です。

事の発端は2013年9月19日に、函館線大沼駅構内で起きた貨物列車の脱線事故でした。翌日からの事故調査の過程で、基準値を超えるレール幅の放置が発覚し、9月21日に保安監査に乗り出しました。この時から我々は菅義偉・官房長官や太田昭宏・国土交通大臣の指示を随時受けながら動いていました。

しかし、問題はレール異常の放置にとどまらなかった。

「レール検査データが改竄されているらしい」との第一報は、2013年10月下旬にJR北海道からもたらされました。

監査対象の一つである函館保線管理室で、我々が立ち入る前日に、レール異状の放置が発覚しないようにデータを書き換えていました。

首相官邸からは、「厳正に監査するように」とのご指示がありました。

我々は頭を切り替えることにしました。それまでは（資料などを事前に）準備してもらう意味もあって、監査に入ることを会社側に予告していました。しかし、2013年11月以降は抜き打ちで現場に乗り込みました。

脱線事故の日の夜にも、大沼保線管理室の保線員が検査データを改竄し、事故を調査していた国交省鉄道局に、虚偽のデータを提出していたことが分かりました。実際には基準値の約2倍に当たる4㎝近い軌道変位（レールのズレ）を何カ月も放置していました。鉄道行政の常識からするとちょっとあり得ない話です。

データの改竄による事故調査や監査の妨害は、鉄道の安全を維持しようとする行政の取り組みを、根底から脅かす行為です。悪質性が高いと判断し、刑事告発に踏み切りました。

訳の分からない鉄道会社

これまで国交省は何をしていたのか、というお叱りがあるかもしれません。

ＪＲ北海道には、国交省の出先機関である北海道運輸局が定期監査に入っていました。過去にはレール管理の問題点を指摘したこともあります。

ただ鉄道業界は、訳の分からない会社が参入するような業界とは違うと思っていました。中小から大手まで鉄道会社の規模によらず、安全に関するルールは守るというのが業界の常識でした。定期監査は、現場が意図的に手を抜いたり、改竄したりしている恐れがあることを前提には実施していませんでした。

結果的に、ここまでひどい事態になっていることを、指摘できなかった。

今回の監査でもすんなりと事実関係が分かったわけではありません。過去の出来事を正確に思い出してもらうためにも、保線員らに同じことについて様々な角度から何度も質問して、事実の把握に努めました。

監査に対して協力的だったか、非協力的だったかは、一概に言えません。ですが、我々は鉄道事業法で与えられた権限を淡々と行使し、再発防止策を検討するのに必要な実態の解明はできたと思っています。

再発防止策を「JR北海道の安全確保のために講ずべき措置」という文書にまとめ、2014年1月に会社側に提示しました。2011年5月に起きた石勝線の脱線炎上事故後の時とは対応を変えました。

石勝線事故では避難誘導に問題があったので、我々は、非常時のマニュアルの改定などを命令したほかには、安全対策全般の改善を求めるというやや抽象的な指示を出すにとどめました。

再発防止策の作成はJR北海道に任せ、「安全性向上のための行動計画」と「安全基本計画」が作られました。安全基盤の強化や、企業風土の改善などに踏み込んだ内容となっています。しかし、計画通りには実行できておらず、再びこういう(トラブル続発という)事態に見舞われました。私たちも、JR北海道も反省しないといけません。

今回は私たちが再発防止策を作りました。「講ずべき措置」に書いてあることは当たり前のことばかりですが、かなり具体的に一つひとつやるべきことを示しました。我々は今後5年程度にわたって、進捗状況をフォローしていきます。JR北海道には、本当に今度こそ立ち直ってもらわねばなりません。

「労組が原因とは見ていない」

監査では、JR北海道が抱える様々な問題が浮き彫りになっています。例えば国鉄時代とは社員の年齢構成や技術動向が大きく変わってきているのに、従来のやり方を変えることなく、漫然と仕事を続けたことが確認できました。

JR北海道の年齢構成を見ると、40代の社員が極端に少なくなっています。国鉄民営化前後に採用を抑制したのが原因です。

これはJR各社が共通して抱える課題ですが、各社は年齢の断層を埋めるために中途採用を増やしたり、若手の中から優秀な社員をどんどん上に引き上げてリーダーにしたりするような是正策を取っています。しかし、JR北海道では年齢ギャップを埋めようとする取り組みがあまり見られません。

また、新しい補修技術が開発されているのに、JR北海道は昔ながらの作業を続けています。例えば、JR東日本は枕木やバラストの交換といった保線作業の機械化にかなり力を入れています。機械化を進めれば、システムとして保線員がデータを改竄できないようにすることも可能です。

しかし、JR北海道では依然として人手に頼っている作業が多い。人を介在させると、データ改竄の余地が出てしまいます。

2013年11月から、JR北海道はJR東日本から技術系の実務家8人の派遣を受けています。この人的支援は非常に有効に機能していて、JR北海道は8人の協力を得ながら、保線の近代化などに取り組んでいます。

通常、監査は技術部門だけなのですが、今回は経営部門も含めて実施しました。経営陣や本社の管理職クラスをヒアリングしていて感じたのは、現場への関心が薄いということです。監査中にこんなことがありました。

2013年10月上旬、私どもは保線のやり方を改めるよう求める鉄道局長通達を出しました。一人ひとりがちゃんと作業をこなしていると思っていても、一部が抜け落ちたりします。ですから、お互いにチェックしたり、上司や本社が見落としがないかどうかを調べるルールを設ける必要があると考えました。

翌月にどう改善したのか確認したところ、確かに組織を強化し、一定のルールを設けていました。しかし、本社から現場への指導というのは、紙切れで「しっかりやれ」と通知するにとどまっていました。

これでは末端の社員まで、仕事のやり方を改める意識が浸透しません。新しい仕事の仕方を身につけてもらうには、文書を発出するだけではダメです。

本社の社員が現場を行脚して説明するなど、現場の指導にもっと有効なやり方はいくらでもあるはずです。

このほか、JR北海道が抱える問題として、労働組合を挙げる人が多いことは承知していますす。確かに現場の社員同士や、本社と現場の意思疎通が欠けている面は多々見受けられました。ただ、監査では（対立する）組合が複数ある、あるいは労使関係がうまくいっていないから、意思疎通がうまくいっていないという事実は認められませんでした。

我々は組合問題が、今回のトラブルの直接的な原因だとは見ていません。

（2014年2月18日の単独インタビューを元に構成した）

野島誠、更迭――。

２０１４年3月2日、安倍政権がＪＲ北海道のトップを代える腹を固めたとの情報が、マスコミに流れた。次期社長はＪＲ北海道の元常務で、ＪＲ北海道ホテルズ社長の島田修である。

翌朝、自宅前にマスコミ各社が詰めかけた。島田は記者団の前に姿を現し、「まだ何も聞いていない」とシラを切ってみせた。だが、その4日後の3月7日、閣議で4月1日付けの就任が決定する。野島は会長の小池明夫とともに、退場を命じられた。

島田は、２０１１年9月に自殺した社長、中島尚俊の腹心だった。2人で目指したのは労働組合改革。職場を支配する組合の弱体化を狙っていたとされる。

しかし、中島の自殺で改革は頓挫した。盟友を失い、２０１２年6月、島田は道半ばでＪＲ北海道を後にした。

失意にあった島田に、札幌近郊の自宅前で会ったのは、２０１３年12月9日の夜だ。

「中島さんと一緒に労使関係を健全化しようとしていたと聞く」

「その件については答えられない」

「どなたも組合の真実についてしゃべってくれない。何を守ろうとしているのか」

「何も守ろうとはしていない」

らちが明かなかった。

組合問題は当初から重いテーマだと覚悟していたが、取材が進むにつれて暗い気分になった。職場は理性を失い、否定的な感情が渦巻く。一筋縄ではいかない問題になっていた。

島田には中島の死についても確認したいことがあったが、はぐらかされた。口外できない何かがあると感じた。社長として、その暗部に切り込む覚悟はあるだろうか。慎重な物言いは、島田がかつて「学士」と呼ばれた、国鉄官僚だったことを思い出させた。野島や小池から受ける印象と同じだ。どこか陰がある。外交的で親分肌をにじませていた相談役の坂本眞一とはタイプが違うと思った。

だが、その坂本は組合問題には切り込むことなく、自ら死を選ぶ。島田に惨劇を直視し続ける胆力があるのか、まだ分からない。

質問の角度を変えて、会社はどこで道を過ったのかと尋ねた。

「私たちの施策は不十分で、経営の選択も間違っていた。老朽化した設備を使い続けたのも問題だった。（同じように赤字の）ＪＲ九州やＪＲ四国と、遜色ない経営をしていたと思っていたが、違った。反省している」

今なら、「反省し、会社を再建する」と言い直すはずだ。

関係者によると、中島は自分より11歳若い島田を、「次の次」の社長にしたいと考えていた。何の因果か、一度はついえたと思えたその人事案が、思わぬ形で実現した。島田は、「弔い合戦」のチャンスと捉えるほかない。

技術面でのサポート役として、会長にＪＲ東日本・元常務の東鉄工業相談役、須田征男が就く。須田は技術畑出身で、保線現場などの再生を指揮する。営業や総務が長い島田は、ガバナンス（企業統治）の立て直しを図る。「技術屋」と「事務屋」のツートップだ。

ただ、島田は、須田にはない十字架を背負っている。ＪＲ北海道の生え抜きとして、野島や小池らと同様、組織の退廃を招いた責任から一生逃れられない。

中島と坂本。2人の死は、あまりにも重い「代償」だった。

中島は生前、宮大工の棟梁、西岡常一の名著『木のいのち木のこころ』を繰り返し読んでいた。経営の神髄を見いだしていたに違いない。

西岡家は代々が法隆寺の宮大工で、著書では「百工あれば百念あり、これをひとつに統ぶる。これ匠長の器量なり」という口伝が紹介されている。100人の宮大工がいれば、100通りの考え方がある。それをまとめるのが棟梁の器量だという。だが、己の器量では組織の混乱を収拾できない。中島はそう観念したのだろうか。座右の銘は「継続は力なり」だったが、継続する気力を失った時、冥界への扉に手をかけた。享年64。

「街づくりがしたい」。坂本が国鉄を志望した動機は、都市計画への参加だった。夢はかない、国鉄ではほぼ一貫して土木畑を歩む。主に新幹線建設に携わり、駅を起点に街の風景が変わるのを目撃した。

JR北海道に移ってからも、坂本は北海道新幹線の実現に情熱を注いだ。だが、念願があと2年余りでかなうという時に、この世を去る。そこに坂本の絶望の深さを感じる。

「最大の功労者」と呼ばれることに、何の価値も見いだせなくなったのではないか。すべてを放擲し、中島がいるところへと旅立った。享年73。

不作為がもたらした悲劇――。これはどこの企業でも起こり得る。対岸の火事では済まない。

2013年12月と2014年1月に、中島と坂本が死に場所に選んだ海岸を訪ねた。人生の最後を迎えるところとしては、あまりに寂しかった。

JR北海道の社員にとって、2人を弔う方法は1つしかないはずだ。

2014年3月4日、札幌のホテルで坂本の「お別れの会」が営まれた。北海道知事の高橋はるみ、参議院議員の橋本聖子をはじめ政財界の友人、知人など約2900人が祭壇に献花した。

その後、JR北海道の社員が参列する時間が設けられた。それぞれ遺影に向かいながら、去来する思いがあったに違いない。

野島は、「安全な鉄道にする」と心の中で誓ったそうだ。だが、それは中島に別れを告げた2011年にも、誓約したことではなかったか。

社員一人ひとりにあの時と違う覚悟がなければ、永遠に暗闇から抜け出せない。

中島氏、そして今回、取材に応じていただいた坂本氏には、心より哀悼の意を捧げる。

そのほか大勢にインタビューすることができた。また官営幌内鉄道の調査では、小樽在住の水口忠氏にお世話になった。

本書は、2014年1月13日〜3月10日号の9週にわたって「日経ビジネス」に連載した、シリーズ検証「JR北海道、腐食の系譜」をベースに、大幅に加筆した。連載の編集業務は日経ビジネス副編集長の金田信一郎、本書は日経ビジネスクロスメディア編集長の篠原匡が担当した。また赤字路線の象徴として登場する留萌駅の様子は、日経ビジネス記者、宇賀神宰司が取材した。JR北海道の取材に専念している間、宇賀神と宗像誠之の両記者に多大な迷惑をかけた。

本書の作成にご協力いただいたすべての方々に感謝の意を表したい。

2014年3月

吉野次郎

1987年	4月1日	JR北海道営業開始。初代社長は大森義弘氏
	7月1日	釧網線「原生花園駅」開業
	8月10日	ダイヤ改正。札幌圏輸送力増強
	12月19日	リゾート列車「トマム・サホロエクスプレス」運転開始
1988年	2月1日	松前線木古内〜松前間廃線
	3月13日	青函トンネル開通で海峡線開業。ダイヤ改正。青函連絡船廃止
	3月15日	「北斗星6号」が機関車故障で海底駅で立ち往生
	4月1日	大卒採用開始
	4月25日	歌志内線砂川〜歌志内間廃線
	5月12日	石北線白滝駅で特急「オホーツク6号」が列車火災
	7月1日	函館〜札幌間で「ミッドナイト号」運転開始
	7月15日	カートレイン運転開始
	7月23日	釧網線「釧路湿原駅」開業
	8月25日〜	集中豪雨で73本運休
	11月3日	札幌駅周辺が高架化。ダイヤ改正。札沼線「八軒駅」など開業。新型車両721系電車、130型気動車など導入
	12月17日	リゾート列車「ニセコエクスプレス」運転開始
	12月24日〜	十勝岳噴火で124本運休
1989年	3月11日	ダイヤ改正
	4月30日	標津線標茶〜根室標津間、中標津〜厚床間廃線
	5月1日	天北線音威子府〜南稚内間、名寄線名寄〜遠軽間など廃線
	6月4日	池北線池田〜北見間廃線
	6月24日	トロッコ列車「くしろ湿原ノロッコ号」運転開始
	7月1日	ダイヤ改正。日高線ワンマン化
	9月29日	保線車両衝突で社員死亡
	9月30日	トロッコ列車「十勝大平原ノロッコ号」運転開始
	12月13日	幌向〜豊幌間で特急列車「ホワイトアロー6号」が大型トレーラーと衝突
	12月19日	根室線滝里トンネル開通
	12月22日	リゾート列車「クリスタルエクスプレス トマム・サホロ」運転開始
1990年	2月10日	トロッコ列車「オホーツク流氷ノロッコ号」運転開始
	3月10日	ダイヤ改正。函館線がワンマン化。深名線4駅を廃止
	4月23日	室蘭線土砂崩れで6本運休
	6月2日	青函トンネル送電故障で「海峡9号」が立ち往生
	7月1日	ダイヤ改正。千歳線「サッポロビール庭園駅」、海峡線「知内駅」開業。日高線ワンマン化
	9月1日	ダイヤ改正。特急「スーパーホワイトアロー」、特急「とかち」運転開始。石北線などで駅廃止
	9月17日	初めての中期経営計画を発表
	12月26日	石勝線の一部廃線
1991年	1月8日	日高線で列車とタンクローリーが衝突し、乗員・乗客が重軽傷
	2月16日〜	雪害で52本運休

	3月16日	ダイヤ改正。千歳線、石勝線などでワンマン化。特急「はつかり」が時速140km運転開始
	5月23日	初代会長、東條猛猪氏が死去
	7月1日	ダイヤ改正。釧網線ワンマン化拡大、根室線全面ワンマン化
	8月11日	青函トンネルの利用者が延べ1000万人に到達
	11月1日	釧路線全面ワンマン化
1992年	3月13日	夜行特急「大雪」運転終了
	3月14日	ダイヤ改正。石北線ワンマン化
	4月1日	高専・高卒採用を開始
	7月1日	「新千歳空港駅」開業。シャトル便「快速エアポート」運転開始。ダイヤ改正
	7月18日	リゾート列車「ノースレインボーエクスプレス」運転開始
	8月9日〜	水害で23本運休
	9月11日〜	台風の影響で67本運休
	9月28日	キハ80型特急気動車運転終了
	10月1日	富良野線、宗谷線ワンマン化
1993年	1月15日〜	釧路沖地震で1144本運休
	3月18日	ダイヤ改正。急行「まりも」廃止。根室線ワンマン化
	4月1日	宗谷線ワンマン化。富良野線に新型気動車キハ150型導入
	7月12日〜	北海道南西沖地震で275本運休
	9月1日	「JRシアター」開業
1994年	2月22日	根室線で特急「おおぞら10号」が脱線転覆、25人が重軽傷
	3月1日	ダイヤ改正。特急「スーパー北斗」運転開始
	5月16日	函館線砂川〜上砂川間廃線
	8月14日〜	豪雨で58本運休
	9月23日〜	豪雨で564本運休
	10月4日〜	北海道東方沖地震で785本運休
	10月23日	リゾート列車「アルファコンチネンタルエクスプレス」運転終了
1995年	1月27日	中期経営計画「ステップアップ21」を発表
	3月16日	ダイヤ改正。函館線「ほしみ駅」開業。学園都市線一部複線化。函館線ワンマン化
	8月9日〜	豪雨で68本運休
	8月20日	豪雨で39本運休
	8月28日	豪雨で117本運休
	9月4日	深名線廃止
	12月1日	ダイヤ改正
	12月14日	踏切事故で乗客14人が負傷
	12月18日〜	豪雪で224本運休
	12月24日〜	豪雪で119本運休
1996年	1月8日〜	豪雪と波浪で1574本運休
	3月16日	ダイヤ改正。学園都市線ワンマン化
	6月26日	2代目社長に坂本眞一専務が就任

	9月1日	富良野線「緑が丘駅」開業
	11月24日	根室線帯広高架開業。高架駅開業
	12月24日	新型車両731系電車導入
1997年	3月22日	ダイヤ改正。特急「スーパーおおぞら」運転開始
	6月1日	日高線に新型キハ160導入
	6月17日	「ホテルノースランド帯広」開業
	10月1日	ダイヤ改正
1998年	4月11日	ダイヤ改正
	7月1日	釧網線に新型トロッコ列車導入
	7月23日	札幌駅南口の開発計画発表
	12月8日	ダイヤ改正
1999年	7月16日	特急「カシオペア」運転開始
	7月27日	江差線で「海峡5号」脱線
	8月4日〜	函館線のレールが猛暑でゆがみ約250本運休
	10月1日	札幌駅南口地下街「アピア」開業
	11月5日	海峡線のトンネルでコンクリート片落下
	11月28日	室蘭線で脱線
	12月15日	函館線で特急の窓が破損。乗客が負傷
2000年	3月11日	ダイヤ改正。特急「スーパー宗谷」運転開始。普通列車が全面禁煙
	3月29日	有珠山の火山活動で運転見合わせ
	4月1日	バス事業を分社化
	7月1日	社是の一部変更
	7月14日	根室線で普通列車脱線
	11月22日	株式上場見送りを発表
	12月10日	函館線「岩見沢駅」焼失
	12月25日	快速エアポートに指定席「uシート」導入
2001年	2月2日〜	吹雪で宗谷線の特急が立ち往生、100人が10時間缶詰め
	7月1日	ダイヤ改正
	12月12日	普通列車が安全側線に進入して脱線
2002年	3月16日	ダイヤ改正
	3月27日	中期経営計画「スクラムチャレンジ21」発表
	10月23日	次世代車両「ディーゼルハイブリッド車両」の開発発表
	12月1日	ダイヤ改正。特急「スーパー白鳥」運転開始
2003年	3月6日	札幌駅新駅ビル「JRタワー」開業
	5月31日	「JRタワーホテル日航札幌」開業
	6月24日	3代目社長に小池明夫専務が就任
	7月11日	降雨により根室線で土砂崩れ
	8月4日	函館線で架線断線。147本運休
	8月9日〜	台風で日高線の橋脚流失、土砂流入。運休
	9月26日〜	十勝沖地震で特急脱線、乗客1人負傷。橋脚、線路、駅、信号機などで被害。運休多数

history

年表

2004年	1月28日	道路・線路両用車「DMV」の開発成功発表
	3月12日	石勝線「楓駅」廃止
	3月13日	ダイヤ改正
	6月28日～	「DMV」試験走行
	7月2日	台風により日高線で土砂崩れ
	8月30日	台風の影響で108本運休
	10月23日～	新潟地方の地震で寝台特急が117本運休
	12月5日	強風と降雪で日高線、石勝線、千歳線、室蘭線の31本運休
	12月13日～	「DMV」試験走行
	12月17日	高波による土砂崩れで函館線の126本運休
	12月24日～	江差線で特急「白鳥30号」が乗用車と衝突脱線。16本運休
2005年	1月14日～	暴風雪で824本運休
	3月31日	中期経営計画「スクラムチャレンジ2006」発表
	4月12日	函館線大麻駅で個人情報の記された定期券申込用紙が多数散乱
	10月1日	子会社4社を統合し「札幌駅総合開発」設立
	10月3日	「DMV」を2両連結した「U-DMV」を公開
	10月27日	大規模災害を想定した復旧訓練実施
	11月21日	函館線で普通列車と重機が衝突し、1人死亡
2006年	1月25日	苫小牧駅で留置車両と普通車衝突
	3月8日	世界初「ハイブリッド車体傾斜システム」開発成功を発表
	3月17日	函館線、札沼線、宗谷線、石北線、留萌線、室蘭線の7駅廃止
	3月18日	ダイヤ改正。特急を増発
	5月30日	函館線函館駅構内で機関車と気動車が衝突
	10月1日	JR北海道ホテルズなどホテル子会社の合併、提携
	11月24日	「DMV」試験走行
2007年	3月1日	石北線で普通列車と大型トレーラー衝突
	4月14日	「DMV」試験走行
	6月21日	4代目社長に中島尚俊専務が就任
	10月1日	ダイヤ改正。特急増発。清掃・警備子会社を合併
	10月21日	試験走行中の「DMV」が脱線
	12月14日	緊急停止信号無線の誤作動で札幌圏が大規模運休
	12月21日	レール破断で千歳線や室蘭線の37本運休
2008年	1月24日	暴風雪で52本運休
	7月23日	大雨で60本運休
	7月26日	海峡線の送電トラブルで特急「スーパー白鳥9号」がトンネル内で立ち往生
	8月29日	大雨の影響で浸水や土砂流入。23本運休
	9月22日	試験走行中の「DMV」がエンジン故障で運休
	11月4日	送電トラブルで特急など55本運休
	11月27日	千歳線のレール異常で59本運休
	12月27日	踏切の不具合で25本運休

2009年	2月14日	釧網線の普通列車が脱線
	4月10日	特急列車3本が相次いで故障
	7月27日	石勝線で特急「スーパーおおぞら3号」の燃料タンク破損
	9月7日	豪雨で113本運休
	12月28日	根室線で快速列車と除雪作業車両が衝突。15人が負傷
2010年	1月1日	函館線で乗用車と接触。42本運休
	1月15日	千歳線のレール破断で44本運休
	1月29日	函館線で特急列車とダンプカーが衝突。55本運休
	2月3日	学園都市線で乗用車と衝突。1人が死亡
	3月5日	花咲線で脱線
	5月19日	函館線の信号故障で83本運休
	8月14日〜	大雨で宗谷線の42本が運休
	12月4日	ダイヤ改正。特急「スーパーカムイ」が減便
2011年	1月16日	大雪で函館線や室蘭線など269本運休
	5月27日	石勝線で特急「スーパーおおぞら14号」が脱線炎上。79人が負傷
	5月29日〜	石勝線脱線炎上事故で国土交通省の特別保安監査を受ける
	6月8日	千歳線の運転士が居眠り運転
	6月14日	石勝線追分駅構内の信号が誤表示。国土交通省は「重大インシデント」と認定
	6月18日	石勝線脱線炎上事故で国土交通省から事業改善命令を受ける
	7月5日	函館線の特急「スーパー宗谷2号」でタンク破損
	8月17日	学園都市線の列車で白煙
	9月2日	システム障害で快速エアポートなど29本運休
	9月12日	中島社長が失踪
	9月16日	石勝線脱線炎上事故などの改善措置報告書を国土交通省に提出
	9月18日	中島社長の遺体を小樽市オタモイ海岸沖で発見
	11月25日	小池会長が社長に復帰
2012年	1月24日	大雪で140本以上運休
	2月29日	函館線で普通列車が脱線
	3月7日	留萌線で普通列車が脱線
	4月26日	江差線で貨物列車が脱線
	4月27日	石勝線が土砂崩れで運休
	9月12日	大雨などで150本以上運休
	9月18日	千歳線で特急「北斗」からオイル漏れ
	12月26日	暴風雪で221本運休
2013年	1月24日	根室線で特急「スーパーおおぞら」の変速機に異常
	2月12日	函館線の特急がトンネル内で発煙、緊急停止
	3月25日	函館線で送電トラブル。約200本の運休
	4月8日	函館線で特急「北斗20号」から出火
	5月5日	函館線で特急「スーパーカムイ6号」から出火
	7月6日	函館線で特急「北斗14号」から出火

	6月21日	野島誠専務が社長就任
	7月15日	石勝線で特急「スーパーおおぞら」から出火
	7月22日	根室線で特急「スーパーとかち1号」から白煙
	8月17日	大雨で貨物列車が脱線
	9月7日	運転士がミス隠しのためにATSをハンマーで破壊
	9月19日	函館線大沼駅構内で貨物列車が脱線
	9月21日	函館線大沼駅構内でレール異常の放置が発覚、国土交通省が特別保安監査開始
	10月1日	ATSを破壊した運転士を「出勤停止15日間」の懲戒処分とし、除雪作業に配置転換
	10月9日	国土交通省が2度目の特別保安監査を開始
	11月1日	ダイヤ改正。安全確保に減速、減便が不可欠と判断
	11月11日	監査妨害を目的にレール検査データの改竄が行われているとNHKが報じる
	11月14日	国土交通省が3度目の特別保安監査を開始
2014年	1月15日	2代目社長の坂本眞一・相談役が行方不明に。余市港で遺体を発見
	1月21日	レール異常の改竄問題で役員、社員75人を処分
		国土交通省から再発防止策「JR北海道の安全確保のために講ずべき措置」を提示される
	1月23日	ATSを破壊した運転士を刑事告訴
	1月24日	国土交通省から事業改善命令と監督命令を受ける
	1月30日	道警がATSを破壊した運転士を逮捕
	1月31日	安全対策に500億円を投入すると国土交通省に報告
	2月10日	国土交通省がデータ改竄問題で法人としてのJR北海道と社員を告発
		ATSを破壊した運転士の免許を国土交通省が取り消す
	2月12日～	改竄問題で本社など関係5カ所が道警の家宅捜索を受ける
	2月20日	ATSを破壊した元運転士が略式起訴される
	4月1日	社長にJR北海道・元常務の島田修氏、会長にJR東日本・元常務の須田征男氏が就任。野島社長と小池会長は更迭

参考文献

タイトル	著者・編集	発行所
「ＪＲの妖怪」	小林峻一	イースト・プレス
「国鉄民営化は成功したのか／ＪＲ10年の検証」	大谷健	朝日新聞社
「マングローブ／テロリストに乗っ取られたＪＲ東日本の真実」	西岡研介	講談社
「ＪＲ崩壊／なぜ連続事故は起こったのか？」	梅原淳	ＫＡＤＯＫＡＷＡ
「北海道の交通体系展望」	柿沼博彦、田村享	北海道地域総合振興機構
「幌内鉄道史――義経号と弁慶号」	近藤喜代太郎	成山堂書店
「松崎明秘録」	松崎明	同時代社
「ＪＲ北海道20年のあゆみ」	ＪＲ北海道20年史編纂委員会	北海道旅客鉄道
「線路工手の唄が聞こえた」	橋本克彦	ＪＩＣＣ出版局
「鉄道と国家――『我田引鉄』の近現代史」	小牟田哲彦	講談社
「北海道の鉄道」	田中和夫	北海道新聞社
「なせばなる民営化ＪＲ東日本／自主自立の経営15年の軌跡」	松田昌士	生産性出版
「国鉄改革の真実／『宮廷革命』と『啓蒙運動』」	葛西敬之	中央公論新社
「走れ！ ダーウィン／ＪＲ北海道と柿沼博彦物語」	綱島洋一	中西出版
「ＪＲ北海道新体制へ／労組対策　買われた手腕／『生え抜き』に疑問も」（２０１４年３月４日朝刊）	北海道新聞	北海道新聞社
「北の保線／線路を守れ、氷点下40度のしばれに挑む」	太田幸夫	交通新聞社
「北海道を駆ける特急列車／振り子気動車と北を目指す豪華寝台特急」	堀部泰憲	学習研究社
「木のいのち木のこころ（天）」	西岡常一	草思社

吉野次郎 (よしの・じろう)

日経ビジネス記者。1990年創立の慶応義塾大学湘南藤沢キャンパス(環境情報学部)の1期生。96年に日経BP社に入社。「日経コミュニケーション」編集部で通信業界を、「日経ニューメディア」編集部で放送業界を取材する。2007年から「日経ビジネス」編集部に所属。電機業界や自動車業界を担当した後、事件や事故、内紛など、主に企業の不祥事を取材している。著書に『テレビはインターネットがなぜ嫌いなのか』(日経BP社、2006年)。

JR北海道、腐食の系譜
なぜ2人のトップは自死を選んだのか

発行日　2014年4月14日　第1版第1刷

著者　吉野　次郎
発行者　高柳　正盛
編集　篠原　匡

発行　日経BP社
発売　日経BPマーケティング
〒108-8646　東京都港区白金1-17-3
http://business.nikkeibp.co.jp/

ブックデザイン　中川英祐
DTP　中澤愛子
印刷・製本　図書印刷

ISBN 978-4-8222-7448-1
